자시가하네요

거시기하네요

이상우 에세이집

머리말

세상에 "핑계 없는 무덤 없다."라는 속담이 있다. 공동묘지에 가 보면 죽은 이유가 다 있다는 말이다. 아파서 죽은 사람, 살기 싫어서 죽은 사람, 사업에 실패해서 죽은 사람, 싸우다가 죽은 사람, 전쟁으로 죽은 사람, 교통사고로 죽은 사람, 재수 없어서 죽은 사람까지 이유 없이 죽은 사람은 한 사람도 없다는 말이다.

이 속담은 전라도 말로 거시기헝게 그런땅께이다. 그래서 책 제목을 『거시기 하네요』로 삼아 보았다. 세상 모든 일에는 이유가 있다. 세상 돌아가는 꼴이 볼썽사나운 이유도 당연히 있다.

정치를 한다는 국회는 말할 것도 없고, 세상에 소금이 되겠다는 종교인에 이르기까지 본받을 곳이 없단다. 계층 간 갈등사회에 지역 간 감정싸움은 골이 깊어도 너무나 깊다. 겉으로는 해결의 길을 찾는다 하면서도 결과는 더 깊은 골을 만들고 있다. 지역감정 하나 해결하지 못하면서 같은 민족을 내세워 파당을 짓고 거기에 사상문제까지 연결시켜 나라와 사회, 결국은 온 세상이 혼란스럽고 막막하기만 하다.

우리 민족은 한다면 하는 민족이라며 올림픽과 월드컵을 성공리에 마쳤다. 행사유치 때부터 반대가 많았지만 결과는 성공적이었다. 우리의 성공은 많은 약소민족과 약소국가에 희망을 안겨 주었다. 그 뒤를 이어 한류 문화가 세계적으로 선풍을 일으키고 있어 마음 뿌듯하다. 그러나 한편으로 걱정도 된다. 우리의 문화가 얼마나 더 나아갈 수 있을까?

여기에서 그러한 생각들을 정리하여 본다. 모든 일은 순서와 절차가 있기 마련이다. "아무리 급해도 바늘허리에 실을 매어 못 쓴다."는 속담이 있지 않는가. 지금은 불편하고 불만이 있더라도 때를 기다려야 한다. 때를 기다리는 동안에 실력을 쌓아야 한다. 자기에게 주어진 임무를 완수하기 위하여 실력을 길러야 한다. 이 세상에서 주어진 일을 감당하지 못하고 물러날 때 얼마나 괴롭고 부끄러운 일인 줄 아는가. 우리는 세상 살면서 부끄러운 일은 당하지 말자. 세상에 억울한 일도 괴롭지만, 부끄러운 일도 가슴 아파해야 한다. 그러나 보통 사람들은 억울한 일에는 열을 내며 사생결단을 결의하면서, 부끄러운 짓에 대하여는 구렁이 담 넘어 가듯 가려 한다. 더구나 자기의 잘못에 대하여는 너무도 쉽게 용서한다.

더불어 사는 세상, 함께 잘 사는 사회에서는 자기에게는 엄격하고 남에게 배려하는 인격이 필요하다. 조금이라도 남의 인격을 존중하고, 나의 권리는 낮추는 사회가 되었으면 하는 마음 간절하다. 세상일이 내 마음과 똑같을 수는 없다. 그래서 이 책을 보고 내용이 마음에 들지 않을 수도 있다. 수년 동안 준비했던 내용과 최근에 사유한 내용을 나름대로 정리하였다. 부족한 점이 많을 줄 안다. 넓은 아량으로 이해를 바라면 무례일지 모르겠다. 정말 조심스럽게 이 글을 상재하여 강호제현들의 채찍질을 달게 받겠다. 우리의 앞날을 위하여 새로운 시대에 맞는 새로운 생각을 기대하여 본다.

끝으로 『진화론』의 저자 찰스 다윈의 "지구상에 살아남는 사람은 강한 자가 아니라 환경에 적응하는 자"라는 말을 되새기며 머리말을 맺는다.

2014년 7월 거시기에서

차례

3부 에세이 행진들

4부 탐닉의 사람들

〈부록〉

표지설명

갑오년 동학농민혁명 하면 떠오르는 인물은 누가 뭐라고 해도 녹두장군 전봉준이다. 그다음이 전투를 지휘한 김개남 장군이다. 전라도에서 이 두 분과 비교되는 분이 있어 표지화로 사용하였다.

녹두장군 전봉준과 증산 교주 강일순은 같은 고부 땅 출신이라고 한다. 전봉준은 동네 서당 훈장으로 묏자리나 잡아주고 그럭저럭 끼니를 이어 갔다.

강증산은 어릴 때부터 남의집살이를 하거나 땔나무를 시장에 내다 팔아 겨우 입에 풀칠을 하였다. 강증산은 녹두장군보다 16세가 아래다. 가까운 거리에 살았으면서도 만난 흔적이 없다 한다. 전봉준의 무장투쟁 때 강증산은 반대하였다. 썩은 세상 바꾸는 것은 맞지만 하늘과 땅을 송두리째 바꾸어야 한다고 믿었다.

동학 접주 김개남과 의병장 임병찬은 친구 사이며, 개남은 남조선을 개벽한다는 뜻이라고 한다. 선비 임병찬은 김개남의 이웃 마을에 살았다. 평소 그들은 밤을 새워가며 속 깊은 뜻을 나누곤 하였다. 수배령이 떨어진 김개남을 임병찬은 자기 집으로 피신케 하고 관군에게 신고하여 잡혀가 전주 남문에서 목이 베이게 하였다. 임병찬에게는 동학군과의 우정보다 임금에 대한 충이 먼저였다. 그는 임실군수와 백미 20섬의 포상을 사양하였다. 의병장 임병찬은 일본군에게 체포되어 스승 최익현과 대마도로 유배당하였다. 이들의 삶에서 누가 옳고 누가 그른가? 희망이 전혀 없던 구한말 힘없는 백성은 어떻게 살았어야 했을까?

금년은 갑오혁명 120주년 되는 해이다. 최근 국제정세가 그때와 비슷하다는 말들을 한다. 우리는 도대체 어떻게 살아야 한단 말인가?

1부

거시기 사람들

까치한쌍

거시기 사람들에게

우리 마을은 전라도입니다. 전라도에 사는 사람들은 우리 마을 사람입니다. 전라도를 거슬러 올라가면 백제부터 시작됩니다. 엇그제 미륵사 발굴지에서 보았듯이 백제 문화는 찬란하였습니다. 백제 이전에는 마한이 있었습니다. 마한은 삼한에서 가장 강하고 큰 나라였습니다. 그러나 북쪽에서 내려온 고구려의 왕자 온조왕이 위례성을 거점으로 세력을 확장하더니, 수십 개나 되는 마한지역을 통합하여 백제를 세우게 되었습니다. 백제가 번성할 때에는 중국 산동반도를 비롯하여 4개 지역에 조차지가 있었고, 북쪽으로는 평양 인접까지, 동쪽으로는 조령까지, 남쪽으로는 가야 접경에 이르는 대영토를 이루었습니다. 무왕 때에는 주거지 금마를 수도로 정하고 영토를 확장하였으나, 의자왕 때에 신라 태종무열왕 김춘추가 당나라를 끌어 오고, 김유신이 간계를 펴 충신 성충 등을 파직시키니, 아무리 용맹한 계백 장군이라도 황산벌 전투에서 패할 수밖에 없었습니다. 신라가 삼국을 통일하니 백제사는 사라졌습니다.

고려 시대에는 도참사상에 영향을 받은 태조 왕건의 훈요십조에 '역류하는 금강 이남에서는 인재를 등용하지 마라'며 전라도를 차별하였습니다. 신라에 대한 원한과 고려 시대의 차별은 전라인의 마음을 흔들리게 하였습니다. 조선 시대 중기 정여립 사건은 당쟁의 회오리를 몰고 왔고, 말기 동학농민 봉기 때 한반도에 진출한 일본은 청일 · 러일 전쟁에서 승리하더니 우리의 주권을 빼앗아 갔습니다.

원자탄 두 발에 무조건 항복한 일본은 도망쳤으나, 그 자리에 미 · 소 강대국이 들어와 한반도를 남북으로 분단시켰습니다. 북쪽에는 공산주의, 남쪽에는 민주주의로 편을 가른 결과는 6 · 25라는 동족상잔의 아픔을 안겨주었습니다. 전쟁의 폐허에서 삶의 의욕이 막 상승하려 할 때에 몹쓸 정치인들은 우리의 마음을 다독이기는커녕 아픈 과거를 충동하여 동서 지역감정에 불을 지폈습니다.

문화가 찬란했던 백제가 신라에 나라를 잃고, 고려에 차별받고, 조선에 주시 받아온 과거를 가진 우리 마을 사람들에게는 불씨만 대면 폭발하게 되어 있었던 것입니다. 하지만 인간은 좀 더 나은 미래를 위하여 사는 것인데, 아픈 과거로 적개심을 되씹어 좋을 게 무언가 싶습니다. 지역감정으로 시대를 따라가지 못하여 추락하고 또 추락하는 우리의 현실을 지켜보며 답답한 마음 참을 길이 없어 우리 마을 사람들에게 한마디 하고 싶습니다.

예전의 우리 전라도는 남의 좋은 점을 칭송하고 남의 허물을 덮어 주는 미덕을 가지고 있었습니다. 그런데 어느 때부터인지 남의 허물을 들추어 놓고 정의라는 이름으로 미화하는 사람들이 나타났습니다. 그들은 약자 편이라는 허울을 쓰고 사사건건 시비조로 발목을 걸어 약자의 아픈 가슴에 바늘로 저미는 아픔을 안겨주었습니다. 그들은 약자의 울분을 자기들의 목적 달성에 활용한 것입니다. 우리 속담에 "때리는 시어머니보다 말리는 시누이가 더 밉다."는 말이 있습니다. 아픈 마음을 감싸주고 다독여 주어야 할 그들이 아픈 마음을 더 쓰리게 한 것입니다.

세상에는 아름다운 꽃향기도 있지만 악취가 천지를 진동하는 시궁창도 있습니다. 시궁창은 완전히 매몰하거나 철거하지 않는 한 건들면 건들수록 악취만 진동합니다. 맛과 멋이 공존하는 전라 땅에 어느 때부터 누구에 의하여 그랬는지 확실하지는 않지만 악취를 들추어 냄새를 풍기는 지역으로 바뀌어 가고 있어 마음 아픕니다. 악취에 중독된 코는 더 이상 악취를 구분하지 못하는데 우리 마을 사람들이 그렇게 될까 봐 큰 걱정이 됩니다.

우리는 발의 폭보다 넓은 언덕길, 외나무다리에서 떨어지는 이유는 여지가 없기 때문입니다. 어려움에 견디지 못하고 목숨을 끊는 것도 여지가 없기 때문입니다. 독 안에 든 쥐가 고양이를 무는 것도 여지가 없기 때문입니다. 이러한 여지를 없애는 것은 누구의 장난입니까.

내가 못하는 일을 남이 하면 으레 탈을 잡아 보고 싶고, 티를 뜯어보고 싶은 것이 세정입니다. 그로 인해서 일시적인 쾌는 맛볼 수 있을지 몰라도 결코 올바른 미래로는 성장할 수 없습니다. 우리는 지역감정에 사로잡히는 옹졸한 생각을 가진 사람이 되어서도 안 되고, 되고 싶지도 않습니다.

우리는 영남의 불행을 바라는 자가 아닙니다. 영남의 행복을 질시하는 것은 더욱 아닙니다. 비록 영남은 경쟁의 상대는 될지언정 타도의 대상은 아닙니다. 그리고 우리는 영남이 발전한 것에 대하여 탈을 잡을 수는 없습니다. 영남이 발전할 때 우리는 생각을 잘못하였기 때문입니다.

튤립과 백합은 같은 꽃이라도 개성과 향기가 다르기에 어떤 꽃이 더 좋다고 말하기 곤란합니다. 이처럼 영호남은 미우나 고우나 숙명이며, 어쩔 수 없는 역사입니다.

저는 지금 영호남 사이에 서려 있는 혼돈과 저미는 안개가 가셔져서 이런 글이 한갓 쓸모없는 글이 되었으면 하고 바랍니다.

저는 지식이나 교양이 변변치 못하지만 평생을 살아온, 아니 조상 대대로 수백 년을 살아온 전라도 사람이기 때문입니다. 향토는 종교입니다. 향토는 어머니입니다. 얼굴이 못생겨도, 수족을 못 쓰는 신체 불구라도, 불치의 병으로 목숨이 촌각일지라도 어머니는 어머니이듯이 전라는 내 고향입니다. 우리의 진실한 고함도 마을 사람이 알아주지 않고 믿어 주지 아니하면 부질없는 공염불에 불과합니다.

오늘 우리에게 가장 필요한 것은 지역감정으로 이빨을 가는 애향심이 아니라, 새 역사 창조를 위하여 묵묵히 길을 개척해 가는 슬기로운 일꾼입니다. 어리석고 미련한 감상은 두 번 되풀이하고 싶지 않습니다. 고진감래, 와신상담이라는 말이 있습니다. 우리는 미래를 위하여 꾹 참는 미덕을 갖추어야 합니다.

인생은 주는 자가 있으면 받는 자가 있고, 받을 때가 있으면 주는 때가 오는 법입니다. 오늘 주었다고 의시댈 것이 없고, 오늘 받았다고 비굴할 것도 없습니다. 오늘 받았으면 언젠가는 되갚아 주어야 한다는 다짐을 하면 됩니다.

오래전 전라도는 전국에 쌀과 소금과 나무와 생선을 공급했습니다. 임진왜란 때에는 바다를 지키는 데 전라도가 큰 역할을 하였습니다. 그래서 이순신 장군은 "전라도가 있어 조선이 있다."하였습니다.

지나간 옛 문화가 아무리 찬란했기로서니 오늘날의 우리에게 어떤 의미가 있느냐 함에 러시아 우화가 생각납니다.

동물들의 '자격 심사회'에서 순서에 따라 나온 거위에게 심사관이 묻습니다.

"자네는 어떤 공로가 있는가?"

"네! 저의 8대조 할아버지가 트로이 전쟁 때에 성을 넘어오는 적병을 맨 처음 발견했지요. 그래서 위태했던 성을 구해냈답니다. 유명한 이야기지요."

"그건 자네 8대조 이야기 아닌가? 자네 공로가 무엇인가 말이야!"

"저의 공로가 무어냐고요? 제가 바로 그 8대조 할아버지의 8대 손입니다."

"아 글쎄 이 사람아! 트로이 전쟁은 트로이 전쟁이고 자네는 대체 무엇을 했단 말이야."

"원 참! 말귀를 못 알아들으시네. 제가 바로 트로이 전쟁에 공훈을 세운 그 거위의 8대 직손이라니까요."

우리의 선조는 빛나는 백제를 세웠지만 우리는 무슨 공적이 있다는 말인가? 우리의 고향 우리의 어머니 전라가 이렇게 어렵게 된 것은 우리의 탓인 것을….

우리는 광복을 맞아 국토와 자유를 얻었습니다. 그 자유를 불법으로 활용한다면 이 세상은 민주국가가 아닙니다. 어깨띠 두르고 성토할 곳만 찾아다니고, 플래카드를 앞세워 사진이나 찍고, 국회 의장석을 점거하여 의사봉을 가슴에 감추고, 자칭 민주투사라 외치는 그 모습은 보는 이들의 마음을 서글프게 합니다. 전라인 중에는 독재와 싸운 민주 투사가 왜 그렇게 많은지 아무도 모릅니다. 그들이 국회에 나가 어떤 공을 세웠는지, 탐욕에 눈이 어두워 고향의 발전을 외면하기로 작정을 했는지, 명석한 두

뇌로 판단을 하여야 합니다.

우리는 반대에 너무나 익숙해져 있습니다. 살길인지 죽을 길인지 모르고 반대만 합니다. 그리고 결과에 대하여 남을 탓하며 아쉬워합니다. 부안 방사능폐기장 유치에 목숨을 걸고 반대를 하더니 타 지역에 유치가 결정되니 아쉬워합니다. 또 새만금 간척사업에 갖가지 수단과 방법을 동원하여 방해를 하였습니다. 심지어 끝물막이 공사에는 목숨을 담보로 한, 어선시위까지 하였습니다. 그러하고도 결론은 저쪽 사람들의 농간이라고 뒤집어씌웁니다. 이런 말이 우리에게 무슨 위안이 되며, 또한 그렇다 치더라도 결과는 우리에게 피해만 안겨 줍니다.

우리 전라인은 '대원군이 양이척화로 신문물을 받아들이지 아니하므로 일본의 침략을 받은 것'을 교훈으로 삼아야 할 것입니다. '새것을 취하면 흥하고 옛것을 따르면 쇠한다.'는 논리는 역사가 증명합니다. 농업사회는 옛것이요 공업사회는 새것입니다. 아직도 농업을 고집하고 무엇을 하겠습니까?

백여 년 전 고창의 거부 인촌 김성수 선생이 논을 팔아 고려대학교를 세울 때 미쳤다고 욕을 하였다고 합니다. 100년 앞을 내다보는 선견지명이 전라도 농민 모두에게 있었다면 전라도는 천지개벽이 되었을 것입니다.

한자리에 오래 괸 물은 썩어도 흘러가는 물은 썩지 않는다고 합니다. 구태의연한 낡은 감정은 마치 흐르지 않는 물과 같습니다. 우리는 안목을 넓히고 체질을 튼튼하게 할 양식이라면 비상砒霜이라도 먹어야 할 형편인데, 하물며 비상 아닌 지식의 문이라면 들어가기를 주저할 까닭이 없습니다. 하지만 새로운 마음, 새로운 정신을 가지고 간다 해도 나 자신의 잘못을 고치지 않고는 발전할 수가 없습니다.

한국인은 팽이 성질을 가지고 있다고 합니다. 어떤 사람은 한국인을 팽이로 비유하면 굉장히 기분 나빠합니다. 그러나 저는 그렇게 생각하지 않습니다. 한국인은 곤경에 처해 있을 때 더 힘을 내는 민족입니다. 팽이가 힘껏 치면 칠수록 더욱 세게 돕니다. 속도가 빠르면 중심축이 바로 잡혀서 정지한 팽이처럼 보입니다. 한국인은 역경에 처하면 처할수록 더욱 강해지는 민족입니다. 눈보라 속에서 꽁꽁 언 지각을 뚫고 움이 튼 보리처럼 우리는 스스로 역사의 고난을 이겨낼 능력을 가지고 있습니다.

신라, 백제, 고구려는 물론이요, 고려의 금속활자와 대장경, 조선의 훈민정음 등이 고난의 어려움 속에서 더 한층 빛을 냈다는 것이 우리들의 자랑입니다. 문화란 그 민족, 그 국가의 눈이요, 마음입니다. 그렇지 않다면 그 문화는 한갓 장식이요, 지체에 자나지 않습니다.

이제 우리나라는 후진국이 아닙니다. 아마추어가 아니라는 말입니다. 일등, 프로 국민답게 생각하고 행동해야 합니다. 그러려면 우리는 최소한 밥그릇은 깨지 말아야 합니다.

일본 사무라이의 우화에 나오는 이야기입니다.

사무라이가 골동품 가게에서 물건 하나를 만지작거리며 '값이 얼마냐?' 고 묻습니다.

"네 20냥입니다."

"20냥이라니? 아니 이 사람아! 이게 20냥이란 말인가? 자네는 주인이 아닌 게로군. 주인을 불러 오게 주인을…."

"제가 바로 주인인데요."

"주인이라— 주인이면 접시 값 하나도 모르나? 딴소리 말고 주인을 부르게."

골동품 가게 주인이라는 사람은 그 말을 듣더니 두말없이 접시를 도로 빼앗아 땅바닥에 내리쳐 깨버리고는 "자! 잘 보시오. 이래도 내가 주인이 아니란 말이요."

이 광경을 본 사무라이는 얼굴이 붉어져 나갔습니다.

우리의 강토를 두 동강낸 외국도 문제이지만, 우리 민족이 하나 되지 못함이 더 큰 문제입니다. 그런데 반 토막 국토에서 또 동서로 다시 나누려는 그들은 누구입니까? 밥그릇을 깨는 사람들입니다. 그들을 찾아내려는 용기도, 그들의 간계를 제어하려는 의욕도 우리에게는 없습니다.

다음은 우리의 고질병을 고쳐야 합니다.

우리는 노력하지 않고 남을 탓하는 습관을 고쳐야 합니다. 자기의 병을 영원히 고치지 못할 이야기가 프랑스에 있어 소개합니다.

폴과 베르나아르가 신경통으로 같은 병실에 함께 입원을 하였습니다. 둘은 언제나 함께 물리치료를 받았습니다. 폴은 언제나 소리를 지르며 아프다고 야단인데, 베르나아르는 태연자약하여 눈 하나 깜빡하지 않고 있습니다.

한번은 물리치료사가 병실에서 나간 다음 폴이 물었습니다.

"여보게, 베르나아르! 자네 다리는 도대체 무쇠야 나무토막이야? 어쩌면 그렇게 천연스럽게 그 아픈 물리치료를 참아내나."

베르나아르는 코웃음을 치면서 대답하였습니다.

"이 천치 같으니. 내가 그래 아픈 쪽 다리를 내놓는 바보 멍텅구린 줄 아나?"

아픈 쪽 다리를 치료받지 않고 베르나아르의 다리는 언제 치료되겠습니까? 자기의 잘못을 들추어 치료하지 않으면 병은 영원히 낫지 않을 것입니다. 병은 고쳐야 하고 체질은 개선을 하여야 합니다. 남의 장점, 남의 좋은 점을 본뜬다 해서 나무랄 수는 없고, 오히려 칭찬을 받아야 마땅합니다.

세 번째 우리에게는 참다운 애향인이 필요합니다.

우리에게는 약자를 선동하는 위선자가 아니라, 칼레의 시민을 대표하는 한 명의 애향인이 필요한 것입니다.

로댕의 조각에 나오는 「칼레의 시민」은 독일의 극작가 게오르크 카이저가 쓴 희곡입니다.

100년 전쟁 때 영국 왕 에드워드 3세는 프랑스 항구도시 칼레를 침공했습니다. 시민들의 완강한 저항에 분노한 영국 왕은 칼레를 함락한 후 '항복을 받아 주는 대신, 6명의 시민을 처형하겠다.'고 합니다. 칼레 시민의 전멸을 막으려면 24시간 안에 지도급 인사 6명이 나서야 했습니다. 가장 먼저 가장 부유한 외스타슈 드 생피에르가 나섰습니다.

"자 칼레의 시민들이여- 나오라! 용기를 가지고…."

다음 시장이 나섰습니다. 법률가가 나섰습니다. 상인이 나섰습니다. 그의 아들도 나섰습니다. 그리고 또, 또, 7명이 되었습니다. 이제는 한 사람은 빠져도 괜찮게 되었습니다. 제비를 뽑자는 말도 있었지만 제비뽑기는 용기가 아니라 하였습니다.

생피에르는 "내일 아침 장터에 제일 늦게 나오는 사람을 빼자."고 제의했고, 이에 모두 동의했습니다. 그들은 고통의 밤을 보냈습니다. 그들이라고 삶에 대한 애착, 죽음에 대한 고뇌가 어찌 없었겠습니까?

이튿날 아침, 6명이 모였습니다. 한 사람이 나오지 않았습니다. 생피에르! 그는 오지 않았습니다. 사람들 모두 그가 궁금하였습니다. 모두 안 나와도 그는 나올 사람이었으니까요. 그렇게 용감한 그가 왜! 무엇 때문에 나오지 않은 걸까요? 그는 이미 목을 매 죽어 있었습니다. 죽음을 자원한 사람들의 용기가 약해지지 않도록, 칼레의 명예를 위해 그는 스스로 목숨을 끊었던 것입니다.

영국 왕은 놀랐습니다. 칼레 시민들의 두려움 없는 태도가 그를 감동시켰습니다. 왕은 나머지 6명을 모두 방면하고 칼레에서 철수하였습니다.

그런데 전라도에는 그런 한 사람이 없습니다. 전라인 전부를 떨게 하고 자기는 영웅이 되려는 사람만 득실거립니다. 선거철만 되면 알지도 못하는 사람들이 여기저기 세계 각처에서 모여드는 것만 보아도 알 수 있습니다.

끝으로 우리에게는 지식보다는 지혜가 있어야 합니다. 우선 수학자 갈로아의 이야기를 들어보기로 하겠습니다.

노르웨이 랑나르 프리쉬는 제1회 노벨 경제학상 수상 기념 연설에서 지식은 대단하나 지혜가 전혀 없는 사람의 대표적인 예는 수학자 갈로아이며, 세상에는 이런 사람들이 많은 것이 문제라고 하였습니다.

갈로아는 일찍이 천재성을 꽃피우고 나서 미래 수학자들에 영향을 준 괄목할 만한 업적을 남기고도 짧고 비극적인 생애를 보낸 사람이다. 갈로아는 1811년 파리 근교 작은 마을의 읍장 아들로 태어나 15세 때부터 비상한 수학적 천재성을 발휘하였다. 갈로아는 당시 수학교과서를 소설을 읽듯이 쉽게 통달하고 계속해서 르잠드르, 야코비, 아벨의 중요 논문을 읽고 나서 자신의 수학을 만들어 나갔다. 17세 때 매우 중요한 결과를 얻었으나, 프랑스 과학원에 보낸 두 편의 논문이 보관 잘못으로 분실되어 좌절감만 더해 주었다. 그는 잘할 줄도 모르면서 안 해도 되는 결투를 결정하였다. 목숨을 구할 생각은 전혀 하지 못하고 밤새워 평소의 생각을 원고에 정리한 후 다음날 결투로 목숨을 잃고 세상을 떠났는데, 그때 그의 나이는 약관 21세였다.

나라 전체를 두고 볼 때도 지식은 있으나 지혜가 없는 국가의 예는 얼마든지 찾아볼 수 있습니다. 우리나라도 그 나라 중 하나입니다. 그러나 태국 사람들은 지혜를 발휘하여 오랜 세월 세계 열강의 지배를 한 번도 받아본 적이 없었습니다. 지식에 있어서는 우리에게 뒤질지 모르나 그들이야말로 지혜로운 사람들이 아닌가 합니다. 일본이 선진국으로 갈 수 있었던 것도 겸손이라는 지혜입니다. 일본인들의 저자세는 자원도 없고, 기술도 서구에 비해 뒤떨어지고 인구는 국토에 비하여 많으므로 자기들의 약점과 한계를 올바로 파악하고 있었던 것입니다.

우리들도 우리만이 잘하는 것을 지정학적으로 연결하여 얼마든지 이익을 낼 수도 있습니다. 그러기 위해서는 지식도 필요하지만 지혜를 발휘하여 앞날을 보고 바로 나가야 합니다.

여기에서 "꿀벌과 파리"의 이야기를 들어 보고 지혜를 얻어야 합니다. 벌과 파리의 차이는 벌은 앞으로만 가지만, 파리는 옆으로 밑으로도 다양하게 간다는 것입니다.

어떤 곤충학자가 꿀벌과 파리의 생태를 실험하였다. 마개가 없는 빈병에 같은 수의 꿀벌과 파리를 넣고 밑둥 부분이 밝은 창 쪽을 향하게 하여 눕혀 놓았다. 꿀벌은 밝은 병 밑쪽이 출구인 줄 알고 날아가려고 애를 쓰다가 지쳐서 죽고 말았다. 그러나 파리들은 2분도 채 안 되어서 반대쪽 병목을 통하여 모두 빠져나갔다. 파리는 이리저리 해매는 것 같았지만 여기저기 출구를 찾아다녔던 것이다. 사실 같은 종류의 파리에 비하면 꿀벌이 지능이 높아 빛이 있는 곳이 출구인 줄 알고 합리적인 행동만 되풀이하다가 죽고 만 것이다. 그렇지만 파리는 제멋대로 유리병에 부딪치며 날아다니다가 유리병의 탈출구를 찾는 데 성공한 것이다.

우리도 돌파구를 찾는 지혜가 필요한 것이지, 합리적이라는 지식에만 목을 맨다면 희망은 기대하기 어렵다.

이제 우리는 세계의 선진국 열차에 승차하려고 플랫폼에 대기하고 있는 승객과 같습니다. 열차를 타고 안 타고는 승객의 자유입니다. 그 열차를 놓치면 언제 또 올지 아무도 모릅니다. 그래서 다음 열차를 탄다는 보장도 없습니다. 열차를 타는 것은 승객의 자유이지만, 열차는 승객을 기다리지 않습니다. 열차를 놓친 승객이 "이놈의 열차 게 서거라! 내가 타려는데 네가 가다니," 아무리 고함을 쳐도 한번 떠난 열차는 돌아오지 않습니다. 그래서 기회를 놓치지 말라고 우리 마을 어른들께 감히 말씀을 드리는 것입니다.

보수와 진보

1. 서론

보수와 진보를 사전에서 찾아보면, 한자로 보수는 지킬 보保 지킬 수守, 진보는 나아갈 진進 걸음 보步, 뜻은 보수는 새로운 것을 반대하고, 재래의 풍습이나 전통을 중히 여기어 유지하려고 함, 진보는 정도나 수준이 차츰 향상하여감, 역사 발전의 합법칙성에 따라 사회의 변화나 발전을 추구함으로 되어 있다.

사전적으로 보면 보수는 반대이고 진보는 발전이므로 보수는 나쁘고 진보는 좋은 것이라고 판단된다. 이것을 현실적으로 보면 나이가 많은 사람은 보수이고, 나이가 적은 사람은 진보로 나누기도하고 보수는 고리타분하고 진보는 신선하다고 평가하기도 한다. 또 사회적으로 보면 부자는 보수이고 빈자는 진보이다. 고위층은 보수이고, 하층은 진보이다. 이렇게 따지면 보수는 진보의 발목을 잡는 형국이고, 진보는 보수 때문에 앞서가지 못하는 불행한 사람이라고 마음 아파한다.

왜 이런 평가가 나왔을까? 언제나 세상은 변화되어 왔다. 그것을 진보의 역량이라고 생각하고, 세상의 발전은 보수의 멸망으로 평가하기 때문이다. 어쨌든 세상은 변하고 보수는 소멸되고 새로운 세상은 오기 마련이다. 다만 보수의 소멸은 진보가 보수로 되는 순간이라는 것을 모른다는 것이다.

다시 보수와 진보를 사전적이 아니라 현실적인 면에서 살펴보면, 할아버지와 손자는 보수와 진보라고 지레짐작한다. 그러나 할아버지에게도 진보가 있고 손자에게도 보수는 있는 것이다. 또 사장과 사원도 보수와 진보라고 생각하겠지만 사장도 진보가 있고, 사원도 보수가 있다. 과장과 계장도 보수와 진보라고 생각하겠지만 과장도 진보가 있고 계장도 보수가 있는 것이다.

우리는 이러한 사전적, 사회적, 국가적 보수와 진보보다는 현실적인 평가가 필요하다. 나이가 많아도 직위가 높아도 재산이 많아도 생각 자체가 개방적이고 미래지향적이면 진보이고, 나이가 적고 직위가 낮고 재산이 없어도 생각 자체가 폐쇄적이고 과거지향적이면 보수가 되는 것이다.

그러면 왜 우리는 보수와 진보에 대한 편협한 생각을 가지게 되었을까?

그것은 역사의 결과이다. 역사는 항상 새로운 세력에 의하여 기존 세력은 무너지고 다시 새로운 세력이 권력을 잡는 것이다. 역사의 결과만을 보면 보수가 나쁘고 진보가 좋다는 보장도 없다. 진보는 보수를 몰아내기 위하여 수단과 방법을 가리지 않았고, 후환을 없애기 위하여서도 마찬가지로 수단과 방법을 가리지 않고 사용하였다.

고려 말 조선 초의 역사를 보면 선명하다. 조선의 신진 권력자들은 고려 말의 권력자들을 권좌에서 끌어내리고 재산을 빼앗고 가족을 분산시켰다. 그들의 세력을 몰아내 보내는 데에는 젊은 사람, 없는 사람, 낮은 사람을 이용하였다. 현재도 마찬가지이다.

2. 현실과 역사

가. 현실

왜 우리는 열심히 일하고 노력해도 항상 불안하기만 할까? 왜 우리는 시간이 갈수록 힘들어지기만 할까?

현 정부(사장, 아버지, 보수)는 분명히 말했다. 지금 이 시련을 반드시 극복하겠다고 약속하였는데, 시간이 갈수록 그 약속은 공허하기만 하다. 이뤄진 것은 아무것도 없고, 희망도 보이지 않고 모든 게 제자리이다. 어쩌면 후퇴했는지도 모른다. 우리가 무지해서 이런 결과가 나온 것일까? 이런 사람이 한둘이라면 그들만의 문제라고 치부할 수도 있겠지만 어디 그러한가?

그런데 지금 현 상황이 한둘의 문제던가? 바로 내 자신이, 그리고 우리의 이웃이 이 모든 고통을 분담하고 있다. 대기업은 사상 최대의 호황을 누리고 있으며, 주식시장은 사상 최대치라고 하지만, 우리에겐 딴 나라 얘기로밖에 들리지 않는다. 당장 먹고 살 걱정, 살 집 걱정조차 해결하지 못한다면 현 정부(사장, 아버지, 보수)는 이미 갈 데까지 간 거라고 보면 되는 거 아니잖은가? 이미 부익부 빈익빈 현상은 갈 데까지 가서 소수의 부자들은 그들의 부를 축적만 하지 나누어 쓸 줄 모른다.

이러한 불평불만이 어디 필자만의 생각일까? 어쩌면 사장도 아버지도 이와 똑같은 말을 할 것이다. 그러나 사장이 사원들에게, 아버지가 가족들에게 이런 불만을 피력해서 무슨 도움이 될까? 어쩌면 불평을 늘어놓을 정부라도 있는 것이 천만다행인지도 모른다.

'현 정부로서는 자정능력이 이제 없다고 봅니다. 전원 사퇴하십시오. 모든 대기업을 국유화하고 현 귀족노조 모조리 해산시키십시오. 현재 소유하고 있는 재산이 5억을 넘는다면 그것은 상속 및 부도덕한 일을 해서 얻은 돈임에 분명합니다. 모두 몰수 처리하여 의미 있는 곳에 쓰십시오. 북한과의 평화협정 당장 재개하십시오. 우리는 북한을 한형제라고 생각합니다. 전쟁할 것도 아닌데 왜 궁지로 자꾸 몰아넣는지 이해가 안 갑니다.'

정말 우리나라 좋은 나라이다. 이런 말을 거침없이 할 수 있으니 말이다. 일본의 지배를 받던 때라든가 6 · 25 한국 전쟁 때라면 아니 60년대 굶기를 밥먹듯 하던 때라면 이런 말을 할 수 있을까? 정말 지금은 행복한 불평이다.

5 · 18 이후 '정의사회구현'이라는 구호 아래 사회정화가 시작되었을 때 모두가 박수를 쳤다. 공직자들도 새마을교육이 아닌 의식개혁 교육을 강요하였다. 과거의 부정부패를 척결하고 새로운 사회 건설을 위하여서는 정신무장이 무엇보다 필요하기 때문이다. 이것도 따지고 보면 진보가 보수를 문책하는 것이다.

필자는 부평에 있는 경찰종합학교에서 1주일간 교육을 받았다. 그때 정신교육이라며 학교장 특강이 있었다. 그분의 말이 지금도 생생하다.

"사회가 뒤숭숭하여 한 치 앞을 내다볼 수 없는 오리무중이었을 때, 함께 근무하던 직원의 전화를 받았어요. 이런저런 안부를 묻고는 한마디로 '이번 기회에 구세대는 물러나야 합니다.'해서 '구세대가 어디지?'하고 반문하니 '경사 이상은을 다 나가야지요.' 하는 말을 듣고 '그러면 나도 나가야 하겠지?' '아니지요 교장님은 계셔야지요.' 그 말을 듣고 생각해 보니 그 친구 계급이 경장이었기 망정이지 순경이었다면 경장 이상은 다 나가야지요. 했을 겁니다." 하고 웃었다.

나. 역사

소위 진보라는 위치가 그렇다. 모두가 자기중심적이고 이기주의적 사고에서 나온다. 우리가 가장 좋아하는 혁명은 프랑스혁명이다. 근세 민주주의 시작은 프랑스 혁명이라고 하지 않던가? 진보를 바라는 사람들에게 프랑스는 이상적인 국가다. 불의에 항거하고 잘못된 것을 시정하게 만드는 시민들의 힘은 늘 부러움의 대상이다. 그런데 과연 프랑스혁명이 만들어낸 프랑스는 우리가 좇아야 할 대상인 것일까?

≪소설 프랑스혁명≫ 출간 기념으로 저자인 사토 겐이치가 내한했을 때 대선과 맞물려 어느 때보다도 정치에 대한 관심이 높았기 때문인지 저자에 대한 언론 인터뷰는 소설가가 아닌 정치학자에 대한 질문처럼 보이는 게 많았다. 한 기자가 "프랑스혁명이 성공했다고 보는가?" 라고 묻자 저자는 의외의 대답을 내놓았다. 혁명가들의 이상을 실현하는 데 실패했고 그 결과도 좋지 않았다는 점에서 '실패한 혁명'이라는 것이다.

프랑스혁명의 연대기를 단순 요약하면 다음과 같다.

1789년 혁명이 일어나 1793년 루이 16세를 단두대에서 처형하고, 1794년 테르미도르 반동으로 혁명의 지도자 로베스피에르 자신도 마찬가지로 목이 잘린다. 타도 대상의 목을 친 뒤 그 일을 주도한 자신도 그렇게 삶을 마감한 것이다. 그동안의 시기를 프랑스 역사는 '공포정치'라는 이름으로 기록하고 있다.

≪소설 프랑스혁명≫은 소설이지만 프랑스혁명을 접하는 데에는 더 없이 좋은 책이다. 삼부회 소집부터 국민의회 창설, 바스티유 함락, 루이

16세의 도주와 처형, 로베스피에르의 집권과 몰락에 이르는 과정이 마치 역사책을 보는 것처럼 일목요연하게 독자들 눈앞에 정리된다. 그러나 이것만으로는 소설이 될 수 없다. 사토 겐이치는 사실 80%에 허구 20%를 섞었다고 한다. ≪소설 프랑스혁명≫의 백미는 바로 허구의 '20%'이다. 작가의 상상이 만들어낸 20%가 프랑스혁명을 위대하지만 따분한 사건에서 흥미진진한 드라마로 바꾸는 것이다. 나오키상을 수상한 저력이 있는 대중 소설가답게 저자는 역사적 사건을 흥미롭게 엮어내는 데 뛰어난 솜씨를 보인다.

사토 겐이치의 허구는 단순히 독자의 흥미를 끌기 위한 장치만은 아니다. 저자는 문헌을 연구하고 직접 사건 현장을 답사하며 얻은 정보를 바탕으로 '개연성 있는 허구'를 그려낸다. 이를 통해 우리는 혁명 속의 인물들을 이해하고 다시 프랑스혁명을 생각할 수 있게 된다. 개혁군주를 자처한 루이 16세의 심리. 영웅이 되고 싶다는 욕망과 평범한 삶 사이에서 고민하는 바스티유 함락의 영웅 데물랭. 혁명의 완성과 민중의 안녕을 위해 끊임없이 고뇌하고 희생했던 '부패하지 않는 독재자' 로베스피에르. 역사책에서는 평면적인 사건의 연속에 불과한 프랑스혁명은 소설을 통해 입체적이고 복합적인 인물들이 대결하는 무대가 된다. 그리고 그것을 보는 독자들은 프랑스혁명이 어떻게 프랑스인들에게 각인되고 영광스러운 역사로 공유될 수 있는지 이해하게 된다.

3. 결론

한 가지 확실한 것은 민주주의를 추구하든, 그 이후의 가치를 생각하든 간에 현대 민주주의의 근간인 프랑스혁명에 대해 알 필요가 있다는 점이다. 사토 겐이치의 다음 발언은 더욱 신선했다.

"우리는 민주주의 이후의 가치를 생각해야 한다."

우리는 민주주의를 어떻게 완성할 것인가를 고민하고 있는데 그는 민주주의 이후를 이야기했다. 그 이유는 현대의 민주주의가 제대로 작동하고 있지 않기 때문이다. 그렇지만 민주주의에 대한 역사가 짧은 우리 입장에서는 민주주의 다음을 생각할 여유가 없었다.

보수의 잘못을 극복하기 위하여 혁명이 일어났는데, 그 뒤 로베스피에르의 공포정치는 세계인의 이목을 의심케 하였다. 결국 그도 단두대에 목을 베이고 말았다. 결국 보수를 몰아낸 진보는 뒤따라온 진보에게 자리를 내주어야 한다는 것이다. 그래서 민주 다음의 민주는 다시 말하면 진보 다음의 진보가 걱정이 되는 것이다. 진보는 보수를 척결하는 순간 바로 보수가 되는 것이다.

진보는 보수의 아픈 곳을 물어뜯는다. 자기도 그렇게 물어뜯길 줄을 모르고 있다. 그래서 진보는 미친개처럼 한번 물면 놓지 않고, 광견병을 전염시켜서 보수를 파멸시킨다. 보수는 물린 부분을 치료하려고도 하지만 물리지 않으려고 미친개를 죽이려고 한다. 보수는 진보가 물어뜯으려는 부분을 절단하여 미끼로 만들어 진보에게 던질 때도 있다. 살아남기 위한 한 방법이다. 그러나 진보는 상대의 약점만 보면 목숨을 내놓고 달려들어 끊임없이 물고 찢고 전염시킨다. 거기에는 무지한 민초들을 유혹하고 현혹하고 이용하고 무참하게 버린다. 책임을 생각지 않는 진보는 "자기들의 투쟁이 사회를 발전시킨다."라고 생각하지만, 그들도 보수와 같은 방법으로 파멸한다. 그것이 보수와 진보의 숙명인지도 모른다.

애국과 애민

1. 서론

2013년 11월 22일 19:00 천주교 정의구현 사제단 전주교구가 주관하는 미사가 군산 오룡 성당에서 신자 등 300여 명이 참석한 가운데 열렸다. 이 자리에서 B 원로 신부는 시국강론에서 "서해 NLL에서 한미군사 훈련을 계속한다면 북한에서 쏴야 한다며 그것이 연평도포격이다. 독도에서 일본이 훈련을 하면 대통령이 쏴야 하듯이 말이다."

NLL은 휴전협정으로 그어진 바다의 휴전선이다. 휴전협정은 육지와 바다, 영공이 다 포함되는 것이 상식이다. 그런데 바다는 휴전에 거론하지 않았다고 한다면 인천상륙작전은 무효라고 해야 할 것이다. 우리 해병대가 인천상륙작전 때부터 목숨을 걸고 사수한 섬이기에 하는 말이다. 모든 것을 자기의 입맛대로 말한다면 협상이 무슨 소용이 있겠는가?

거시기 마을에는 B신부 말고도 여러 사람의 주요인물이 있다. 그들 중에는 시위현장에 항상 등장하는 M 형제 신부가 유명하다. 그리고 1920년에 태어나 2009년 6월 6일에 스스로 목숨을 끊은 K목사는 유신 때에 이름을 날렸고, 그 뒤를 이어 맥아더 동상 철거에 앞장선 H목사는 두 번째 가라면 서러워할 위인이다. H목사와 동생 M신부는 북한에서 김정일을 만나는 등 한국인으로서는 상상할 수 없는 일들을 벌인 경력이 있다.

B신부의 강론중 일부다.

"우리는 종북주의 몰이하기 위해서 북한을 적으로 만드는 과정이다. 여러분이 이야기해야 해요. 그건 뭐냐! 물론 우리에게 북한은 6 · 25 전쟁 후로 적이었습니다. 사실입니다. 그러나 적을 이용해서 남한에 있는 노동자, 농민, 북한과 비슷한 주장을 하는 남한에 있는 노동자, 농민을 탄압하는데 이거는 어떤 것 같으냐면 저는 예수님의 이런 말씀 한 번 더 묵상하고 싶어요. 누가 6장 27절인가 됩니다. 여러분 너희는 너가 아니고 너희는 원수를 사랑하여라. 있어요. 기억하시죠. 너희는 그랬어요. 너희는 너가 아니고 개인이 아니라 이거는 저는 요즘 뭘로 묵상하냐면 지금 인자는 북한과 우리는 적으로 해서는 안 돼요. 남북 교류해야 합니다. 개성공단도 잘되고 금강산도 가고, 철로도 연결해서 러시아도 가고, 유럽까지 우리 물품을 실어 나르고 이것이 김대중 대통령의 구상입니다. 그래서 김정일 위원장을 만났습니다."

2. 본론

반만년 역사에서 현재의 한반도는 꽃피는 세상이다. 경제면에서 세계 10위권 이내에서 활동하고 있다. 이러한 상황에서 대한민국을 망치려는 사람들의 목소리가 거칠어지고 있다.

첫째 386세대들이다. 그들은 현대사에서 가장 불행한 사람이라고 자칭 주장한다. 먹지도 못하고, 배우지도 못하고, 말하지도 못하여 자유를 차압 당했다고 떠들어댄다. 과연 그럴까?

일제강점기에 배우지 못하고 자유롭지 못하고, 6·25전쟁에 참전하여 목숨을 잃고, 피난 행렬을 따라 노숙하고 밥을 굶고 불구자가 된 사람들은 어찌하라고….

그들은 묵묵히 자신을 죽이며 살았다. 자기의 재산을 내놓으며 누구의 도움도 없이 몸이 부서져라 일만 했다. 왜 그랬을까? 그들이 멍청하고 바보라서 그랬을까? 아니다. 내 아들딸들이 잘 살라고 그랬다. 어렵게 만든 나라가 영원히 번영하도록 그랬다.

둘째 언론이다. 그들은 객관이라는 편파로 저울추를 자기들 마음대로 옮겨 놓는다. 멀쩡한 사람도 종이도마에 올려놓고 칼보다 예리한 펜으로 난도질을 하면 먹물이 사방으로 튀어나간다. 민주화라는 이름 아래 수도 없는 언론지가 발행된다. 심지어 '찌라시'라는 이름으로 근거도 없이 소문을 퍼뜨리면 누군가는 피멍든 가슴을 안고 숨을 멈추어야 한다. 그뿐이랴. 인터넷이라는 공간에서 수많은 사람들이 누구를 막론하고 기사화 되면 입이 있는 사람이라면 누구라도 한 마디씩 하고 간다. 그들에게 동정심은 없다. 그저 매서운 회초리만 있을 뿐이다. 아무리 매서운 회초리라도 잘못이 있다면 백 번 맞아도 싸지만 아무 잘못도 없는 사람이 맞는다면 억울해도 너무 억울하다. 그리하여 공인이라는 이름으로 인기를 먹고 사는 사람들은 목숨을 스스로 끊게 된다. 그 누구도 책임을 지지 않기에 더 많은 사람들이 막말을 하는 것이다.

억울하면 고소해야 하지만 사건 과다로 신속한 판결도 기대하기 어렵다. 어렵게 승소를 한다 해도 승복하지 않고 더 괴상망측한 소리를 하여 주변 사람에게까지 괴로움을 준다.

그뿐인가? 정의라는 이름으로 온갖 비리를 들추어내어 악취로 세상을 뒤덮는다. 당연한 사실인데 무엇이 문제라는 말이냐? 반문하겠지만, 그들은 앞으로만 나가기 때문에 뒤로 뿜어나가는 자기의 악취는 못 맡는다. 아니 자기들의 악취를 희석시키려 상대방의 악취를 침소봉대한다. 그들이 있는 곳에는 자유가 억압당하고, 권리가 침해당하고, 평화가 무참하게 짓밟힌다.

셋째 혁신당이다. 386세대나 언론인, 혁신 세력들은 원래 자기들의 잘못을 인정하지 않는 공통점이 있다. 그들 중에서 가장 심한 사람들이 혁신을 주장하는 사람들이다. 그들은 자기들의 부패를 감싸기 위하여 상대방의 부패를 최대한 부풀려 뻥친다. 여기서 뻥은 튀밥처럼 커지는 것이 아니라 오징어가 내뿜는 먹물처럼 주변 사람에게 묻힌다. 그들이 있는 곳에는 항상 악취가 진동한다. 오물이 무차별적으로 튀기어 냄새에 중독되어 있다. 그들에게는 오로지 반대와 파괴만 있다. 그들과는 의견이 같지 아니하면 함께 살 수 없다. 그들이 집권하면 정말 정의라는 단어가 무색하게 메말랐고, 분배라는 단어가 무색하게 편중되었다. 준법은 사라지고 '떼' 법이 사회를 지배하였다. 이들의 오기 앞에는 어떠한 권위도 서 있지 못한다.

이 세 가지를 겸비한 인물들이 집권한 사회는 혼란스러웠으며, 국가를 평화라는 이름 아래 유약하게 만들었다. 외적이 침입해도 싸울 사람이 없고, 나라가 망해가도 막아낼 힘이 없었다. 모든 것이 낭비되고, 모든 것이 분열되었다. 이들은 앞으로 오랫동안 국민을 지배하려는 욕망에 노망하여 갔다. 네거티브로 멍든 가슴에 대못을 박고 자물쇠를 채웠다.

그들은 소설을 쓰면서 역사를 비웃고, 뇌물로 호식하며 배고팠던 과거로 역공을 펼쳤다. 현재를 취중으로, 과거를 추억으로, 미래를 욕심으로 살아가고 있다.

그들이 지배하던 시절 축구경기에서 심판에 항의하다 5명의 선수가 퇴장당하여 몰수 패하고, 감독도 덤으로 퇴장당했다. 그들은 어떠한 심판도 믿으려 하지 않고 대중을 동원하여 억지를 써서라도 진리로 만들었다. 확성기와 풍물패와 촛불과 횃불을 들고 불법에 이골이 나 있다. 공공건물을 파손하고 심지어 불을 질러도 나무라는 사람이 없다. 오히려 그들을 나무라는 사람이 바보스럽다.

그들이 가는 곳은 초토화로 폐허만 남는다. 가정도, 사회도, 사업도, 기업도, 나라도 망친다. 살기 위한 몸부림이 아니라 죽기 위한 투쟁으로 살아가려고 한다. 민주라는 이름 아래 비민주를 휘두르며, 자유라는 이름 아래 방종을 일삼고 있다. 개인주의에 장아찌가 된 그들은 누가 뭐라 해도 믿지 않는다. 천상천하 유아독존이다. 하늘과 땅 사이에 자기들밖에는 아무도 없다.

그들은 시위 중독자들 같다. 하루라도 시위를 그만두면 양심에 털이라도 나는 것처럼 잠자코 기다리지를 못한다. 그들의 시위에는 항상 과격이라는 단어가 수식어로 붙어 다닌다. 그들은 최초로 소몰이 시위를 시작하였고, 그 뒤로 경운기 시위에 도로를 점거하여 교통을 마비시키는 방법도 마련하였다. 또 어린아이나 노약자를 방패막이 삼아 불상사를 조장하려는 의도도 보여 주었다. 이런 상황은 성직자를 떠나 일반 사람이라도, 아니 전쟁터에서도 비난받아 마땅한 처사이다. 그러나 그들은 양심에 거리낌없이 사용하는 것뿐 아니라 즐기는 것 같다. 그보다 더 큰 문제는 이런 방법에 불상사가 나도 처벌을 받지 않는다는 것이다. 사제복이 방탄조끼보다 더 단단하고, 스텔스보다 더 치밀하여 신들의 세계보다 안전하다고밖에 말할 수 없다.

일반 국민이 그런 행동을 했다면 교도소에 가도 여러 번 갔을 것이다. 과격시위 대상 또한 상상을 초월한다. 공권력의 상징인 경찰과 충돌은 예사이고 군인들도 가리지 않는다. 국가 안보는 저리 가라 하고 애민을 앞세워 어리석은 백성을 우롱하고 있다. 어쩌면 전쟁처럼 적의 심장부를 공격하기 위하여 끊임없이 기도하고 준비하는 모습도 볼 수 있다. 총만 안 들었지 전쟁을 방불케 하는 시위 현장이다. 심지어 경찰 장구까지 압수하고 감금하고도 뻔뻔하게 활보한다. 그래서 예수를 믿는 사제가 아니라 천상천하 유아독존 바로 신을 대신하는 것 같다.

3. 결론

북한을 두둔하는 사제들은 어느 나라 국민인가. B신부는 자신은 5 · 18 유공자라고 밝혔다. 천주교 정의구현전국사제단 소속 사제들이 평양에서나 들을 법한 구호들을 쏟아내면서 나라를 흔들고 있다.

평택 미군기지에 반대 시위를 극렬하게 주도하였고, 국가 보안법 폐지를 주장했으며, 김현희의 대한항공 폭파사건을 정부가 만든 조작이라고 선동했다. 2007년 광우병 쇠고기 파동 때에는 촛불 미사로 기름을 부었다. 미사가 무엇인가? 성스러운 자리를 위장하여 하고 싶은 말을 다하는 곳이다. 원자력 발전 송전탑, 한미자유무역협정, KTX 고속철 터널 등 국책 사업 반대를 주도하였다. 제주 해군 기지를 해적 기지로 그린 만화를 교회에 배포한 사제도 있다. 46명을 희생시킨 천안함사건은 북한 소행이 아니며, 연평도 포격은 한국 잘못 때문에 벌어진 일이라고 선전하였다.

그들은 미군 철수 전단계로 주한 미군 평택 이전에 합의했다. 핵으로 무장한 북한의 도발을 억제하려면 한미가 약속한 기존 합의를 수정해서라도 최선의 방어를 해야 한다. 북한은 전쟁 준비로 핵무장을 하여도 말 한 마디 없다가 한미연합훈련에 대하여는 모든 책임이 남한에 있다 한다. 차라리 북한에 한반도를 내주라고 말하는 것이 나은데 하지 않는 것은 보안법이 무서워서다. 모든 행동은 보안법을 위반하여서 재판정에 가면 민족을 위해서라고 둘러붙인다. 국가를 위한 보안법은 철폐되어야 하고 국민을 위해서는 무조건 사랑하라 한다. 북한이 어떠한 공격을 하여도 같은 민족이니까 예수님이 원수를 사랑하라 했으니 사랑하라 한다. 그렇게 입에 침이 마르게 사랑을 외쳐대면서도 그들이 가는 곳에는 불상사가 일어난다. 그들이 벌이는 반대 집회에는 언제나 피를 흘린다. 그것이 투쟁의 역사라고 가르친다. 민족을 위한다고 지금까지 그들에게 들어간 국가 예산은 천문학적인 숫자가 될 것이다.

그들이 주장하는 군사 쿠데타나 유신독재는 모든 사람이 인정한다. 그러나 2007년 그들은 유례없는 참패(48.7% : 26.2%)에도 불구하고 광우병 혹세무민으로 촛불을 켰고, MB 아웃을 외치며 정권과 나라를 흔들었다. 2012년 선거에서는 51.6% : 48.0%라는 결과를 보고도 대통령 퇴진을 성토한다. 그들에게 민주주의는 무엇이란 말인가? 그들에게 독재란 무엇이란 말인가? 그들은 하나를 양보하면 둘을 내놓으라며 끝없이 요구한다. 아마 씨가 말라야 직성이 풀릴 기세다. 결국 애민은 자기들의 목표를 달성하기 위한 위장이다.

그들은 위기에 처하면 소통과 화합을 내세우지만, 권력을 손에 쥐면 모든 것은 무효이다. 자기들이 하고 싶은 대로 재단하고 추진한다. 그들은 권력 위에 존재하며, 치외법권적 지위에서 행동한다. 최고 권력의 대통령도 물러가라 하고 국법을 무시하고 북한을 드나든다. 세계 어느 나라 따질 것 없이 활보한다. 그것이 자유라 한다. 그것이 평화라 한다. 그들이 가는 길이 정의요, 그들이 하는 일이 평화이다.

그들은 미군을 이 땅에서 내보내고, 북한은 같은 민족이라며 사랑 사랑 사랑을 두고 쓴다. 지금은 세계화 시대 다문화 시대이다. 한민족만을 사랑하는 것은 예수님의 사랑과도 역행한다. 예수님은 사마리아인이 이웃이라고 강조하였다. 강도 만난 자를 구한 사마리아인을 높이 평가하였다. 그런데 그들의 사랑은 한민족밖에 없다. 친일이라면 치를 떤다. 미군이라면 분단의 원흉이라고 몰아붙인다. 왜 그럴까. 이유는 하나다. 북한을 이롭게 하려는 것이다.

친일과 종북

1. 서론

1970년 11월 7일은 내가 경찰에 입문한 날이다. 전북경찰국에서 도지사의 임용장과 국장의 발령장을 받고 고창경찰서로 갔다. 전주 남부배차장에서 버스를 타니 금구, 원평, 태인, 정읍, 흥덕을 거쳐서 고창에 도착하였다. 경찰서 직원들은 다 퇴근을 하고 정문입초와 당직근무자만 있었다. 경찰서 바로 앞에 있는 모양 파출소에 전화를 하니 직원 한 사람이 나와서 식당과 여인숙을 안내하여 주었다. 내일 당장 필요하다 하여, 먼저 사진관으로 가서 신분증 사진을 촬영하였다.

나는 6 · 25전쟁이 일어나기 3년 전에 전북 완주군 고산면 화정리 593번지에서 태어났다. 6 · 25전쟁 중에 소위 빨치산이라고 불리는 게릴라들이 후방을 괴롭히고 있었다. 우리 집에도 찾아와 구둣발로 방까지 들어와 따발총으로 위협하며 쌀과 소를 끌고 갔다고 한다. 어떤 사람은 쌀가마니는 지고, 소는 몰고 빨치산을 따라 갔다가 행방불명이 되었다고 한다. 어린 나는 한밤중에 잠에 취하여 자고 있는데, 인민군들은 구둣발로 방까지 들어와 이불을 차고 다닐 때 할머니는 내가 다칠까 가장 많이 염려했다고 한다. 우리는 결국 아버지와 어머니 동생과 함께 전주 금암리 고모 댁 옆으로 이사를 왔다. 창고 같은 빈집이라서 밤만 되면 빈대 내려오는 소리가 인민군 탱크 소리 같았다고 어머니는 말씀하신다.

휴전이 되고 학교 갈 나이가 되자 우리는 고산으로 들어가 봉동초등학교에 입학원서만 내고 전북 익산시 외가댁으로 아버지와 나만 들어가 초등학교에 다녔다. 중학교 1학년 때에 4 · 19혁명이 일어나고 철없는 나이에 데모대에 휩쓸려 다녔다. 고등학교 때에는 한일협정에 분개하면서 나라를 바로 세워야 한다고 생각했다. 그 바람에 우리 반에 있던 학생회장은 학교를 그만두게 되었다. 학교를 졸업하고 군산으로 출퇴근하던 70년대, 이른 새벽에 익산역 광장에서 한두 번 학생회장을 보고 그 뒤는 소식을 모르고 있다.

나는 고등학교를 졸업하고 군대에 가려고 생각하였다. 7남매의 대가족이 농업으로 생계를 유지하면서 대학 진학은 불가하다는 결론이 내려졌기 때문이다. 그래서 나는 해군에 입대하였는데 그 이유는 세일러복에 반하여서다. 입대하기 바로 전에 아버지는 사기도박꾼들의 꼬임에 빠져 논을 다 날려서 살림이 어려워졌다. 그 뒤 아버지는 화병으로 돌아가시고 어머니와 동생들은 엄청난 고생을 했다. 나는 그래도 군대에서 좋은 부서에 복무하게 되었다. 특수부서라서 시험과 신원조회에 면접을 보게 되었다. 신원조회는 사촌과 외가까지 샅샅이 살폈다고 한다. 면접에서 예수를 믿는다 했더니 성경구절을 이야기해보라 했다. 갑자기 생각이 나지 아니했지만 입대 전에 읽었던 ≪부활≫ 목차 앞에 쓰여 있던

"어찌하여 형제 눈 속에 있는 티는 보고 네 눈 속에 있는 들보는 깨닫지 못하느냐.(마태7:3)"라는 구절이 떠올라 대답하였다. 명 대위라는 면접관

이 검정 근무복에 하얀 대위 계급장을 달고 고개를 끄덕이더니,

"공산당에 대하여 아느냐?"

묻기에 동네에서 들었던 이야기를 하였다. 인공 때에 북한군이 조알을 세어서 세금을 물렸다고 했더니

"그렇다니까? 제들도 다 들어서 알고 있다니까?"

면접관들끼리 이야기를 주고받았다. 우리 부대는 북한군의 무선통화를 감청하는 부대였기에 사상이 얼마나 중요한지를 알았다.

2. 본론

나는 군대를 전역하고 외항선을 타기 위하여 무선통신사 3급 자격증을 취득하려고 익산에 있는 통신학원에 들어갔다. 그때만 하여도 취업이라면, 3D업종이라 하여도 돈만 준다면 서독 광부나, 중동 건설 현장이나, 외항선에 승선하였다.

그런데 이상한 인연으로 내 인생의 전환점을 맞이하게 되었다. 통신학원 원장이 4·19로 인하여 경찰을 전역한 간부였다. 퇴직 전에는 잘나가는 한 사람이었는데. 사회 변혁으로 운명이 바뀐 것이다. 자격증 시험 날이 얼마 남지 않았는데, 원장님은 경찰관 모집 시험이 있다며 지원을 권고 하였다. 내일 원서 접수가 끝나는데 서울로 송부하기 전까지만 가져오면 봐주겠다고 했다며 원장님이 적극적으로 보살펴 주었다. 사진도 찍고 본적지인 완주군 고산면에 가서 호적과 병적관계증명서를 발급받았다. 우여곡절 끝에 경찰에 합격하였다. 그런데 생각지 아니한 일이 벌어졌다. 동네 가까운 친구가 한번은

"너 정말로 경찰에 들어가야 하냐?"

묻는 것이었다. 나는 아무 생각 없이

"응!" 했다.

그러나 친구는 상당히 심각한 질문이었다는 것을 경찰에 들어온 훨씬 뒤에 알았다. 어떤 사람은 가족회를 거쳐서 경찰에 들어왔다고 한다. 왜냐면? 6 · 25전쟁의 덕이었다. 인민군이 남한으로 내려와 점령한 인공 때에는 정말 엄청난 일들이 벌어졌던 것이다. 앞에서도 설명했지만 나락 알을 세어서 세금을 거두는 것은 말할 것도 없고, 세뇌 교육을 위하여 밤마다 노래 교육과 자아비판 등을 했다고 한다. 그들이 누구인가 같은 동네에 살던 사람들이었다. 세상이 뒤바뀌자 원수로 변한 것이다. 경찰관이 있던 가정에는 말할 것도 없고 사촌 8촌까지 어려움을 겪었다, 심지어 경찰이 친구라는 이유로 목숨을 잃은 일도 흔했다. UN과 미군의 개입으로 다시 대한민국 정부가 들어서고, 그들은 빨갱이가 된 것이다. 미군이 며칠만 늦게 들어왔어도 많은 사람들이 생명을 잃을 수 있었다는 것이다. 그들은 죽일 사람들의 명단을 만들어 놓고 있다가 미군의 진입으로 도망하기 바빴다고 한다. 그래서 전쟁은 다시는 일어나서는 안 되는 것이다.

지금도 종북 세력하면 과거 잔인했던 인공 때가 생각나서 사회가 소란스러워진다. 왜 그래야 하는가? 알다가도 모르겠더니 3김 시대에 들어서 모든 것이 확인되었다. 종북에 대한 결론을 내리기 전에 먼저 친일부터 이야기하고 싶다.

대한민국과 친일은 여러 가지 피치 못할 상황이 있다. 그것도 6 · 25와도 관계가 있다. 38선은 미국과 소련의 관계 이전에 러일전쟁 전에 일본과 소련이 38선을 그어 남쪽은 일본, 북쪽은 소련이 관여하고 있었다. 그러고 보면 38선의 원흉은 소련인 것이다. 일본의 무조건 항복 후 미국은 한반도에 큰 관심이 없었다는 말도 있다. 그래서 6 · 25가 일어나던 때에는 미군은 일본으로 나가 있었다. 한국군도 일요일 외출 외박을 나갔으며, 휴가도 정상적으로 이행하고 있었다. 6·25전쟁 전날이 토요일이라서 서울에서는 파티를 열었다고 한다. 이런 상황에서 아직도 6·25를 남한에서 미군이 일으켰다고 가르치고 믿게 하려고 노력하니 종북의 치밀하고 끈질김에 혀를 내두를 수밖에 없다.

종북들은 자기들의 잘못을 합리화시키기 위하여 동족을 앞세운다. 그 때에 가장 먼저 들고 나오는 것이 친일이다.

지난 2008년 4월 29일 민족문제연구소와 친일인명사전 편찬위원회는 친일인명사전 명단을 공개했다. 당시 이들은 매국·군·종교계·학계·문화계 등 16개 분야로 총 4,776명의 명단(각 분야 중복자 431명 포함할 경우 5,027명)을 공개하였다. 친일 중에도 가장 먼저 권력층과 군인과 경찰을 들먹인다. 종북들에게 가장 힘든 대상이 권력층과 군인과 경찰들이기 때문이다. 사실 따지고 보면 친일이라는 말은 일본에 협조한 이적 행위자를 말한다. 일본 침략을 이롭게 한 자가 어찌 권력층과 군인과 경찰뿐이겠는가? 일제강점기에 관직에 있고 일본 정부의 녹을 먹은 사람은 모조리 친일 사전에 명시해야 할 것이다. 우리가 또 간과해서는 안 될 인물들은 마을 이장들이다. 그들이 독립운동가 검거나 위안부 공출, 세금 징수 등을 고발하였기 때문이다. 다시 말하면 면서기나 이장들이 일본 순사들에게 알려주면 검거하는 것이다. 다 그렇다는 이야기는 아니지만 한 사람이라도 알려주었다면 '오십 보 백 보' 아닌가 말이다. 그래서 따지고 보면 우리 민족의 절반이 친일이었고 사돈에 팔촌까지 치면 친일 아닌 사람이 없다. 외국에 나가 독립운동을 한 사람일지라도 친일한 사돈과 팔촌이 없다고 누가 장담하겠는가?

종북들은 연좌제를 들먹이며, 빨갱이의 아들딸들에게 불이익은 안 된다고 한다. 당연하다. 민주국가인 대한민국에서는 과거의 전력에 관계없이 대통령도 하고, 장관도 하지 않았던가? 그런데 해방 70년이 가까워 오는데 친일사전을 만들어 그 후손까지 책임을 지우려고 한다.

"친일 인명사전은 일제 강점기에 민족을 배신한 친일파들의 행적과 그 비열함을 폭로한 엄청나게 중요한 역사적 자료이자, 미래의 후손에게 남겨줄 귀중한 자료이다. 그런데 이 중요한 서적을 지금 당신의 자녀는 이런 사회의 가치기준을 배우지 못하고 있다. 아니 배울 수가 없다. 친일파들이 그 교육을 아예 받지 못하도록 하기 때문이다. 우리의 역사를 제대로 학습하지 못하고 알지 못하는 우리의 자녀가 일본의 침략과 같은 사건이 일어난다면 친일파와 똑같은 행동을 하지 않는다고 그 누가 장담을 할 수 있을까?"

이 말을 바꾸어 보면 북한이 남침하여 점령지역에서 소위 빨갱이들이 나타나 이 지역 사람들을 이유 같지 아니한 이유를 들먹이며 생사람을 죽이고, 이제는 같은 민족이라고 너그러운 아량으로 얼버무리고 있으니 울분이 터지는 것이다. 그래서 북한에 부역한 명단을 만들어 북한의 만행을 철저히 규명하고 빨갱이를 철저하게 처단하여야 한다고 가르쳐야 한다면 바른 생각일까? 종북들에게 묻고 싶다.

선입견으로 친일은 보수이고 종북은 진보로 생각하는데 이는 잘못이다. 진보 중에도 그의 선조가 친일인 경우가 있다. 그들은 지금도 권력 위에 앉아 애국자인 척 양심을 부끄러워하지 않는다. 어떤 국회의원은 친일에 대하여 큰 목소리로 비판하다가 자기의 덫에 걸리자 부인하기 바빴다. 결국 보수 언론과 대격전을 벌이다가 참패하자 슬그머니 들어갔지만 완전히 참회하는 것은 아니고 보수를 가일층 비판하고 있다.

보수라고 해서 종북이 없는 것은 아니다. 현재 대한민국에서는 종북이라고 떳떳하게 내놓고 이야기할 처지가 아니라서 본인만 알 뿐이다. 나라가 망하고 나면 본색이 드러나겠지만 현재까지는 겉만 가지고는 알 수가 없다. 다만 친일사전을 만드는 사람들의 논리라면 부역자 명단을 만들어 그 후손을 규명해야 할 것이다. 그러나 그들은 같은 민족이라는 이유로 너그럽게 넘어가려 한다.

여기에서 분명히 짚고 넘어가야 할 문제는 미군철수이다. 과거의 역사를 살펴보건대, 임진왜란 때에는 명나라의 지원을 받았으나, 청나라의 침입을 받았을 때에는 남한산성에 들어가 끝까지 버티지 못하고, 인조는 삼전도에서 무릎을 꿇고 청 태종에게 항복했다. 현실적으로 남한에서 북침이 이루어지면 중국의 지원을 받지만, 북한이 남침할 경우에는 미국이 아니면 그 어디에서 지원을 받을 것인가? 그것은 바로 미군이 철수하면 한국의 운명은 바람 앞에 등불 신세이다. 진정 대한민국을 사랑하고 걱정한다면 친일 명단보다는 애국심을 어떻게 가르칠 것인가, 어떻게 한민족의 미래를 발전시킬까, 걱정하고 교육시켜야 하는 것은 아닐까? 현재의 상황으로 보면, 그들은 한국의 킬링필드를 생각하고 있는 것은 아닐까 싶다. 자기들의 만행은 유야무야하면서 상대방의 잘못에 대해서는 지나치게 가혹하기 이를 데가 없으니 말이다.

한국의 역사에 아이러니는 있다. 북한에서는 친일을 정리하고 소련의 지원을 받아 남침을 생각했지만, 남한에서는 친일 정리가 늦어졌고, 미국도 한국의 안보에 대하여 그리 크게 관심을 보이지 않았다. 한국의 친일 청산이 늦어진 데에는 여러 가지 이유가 있다. 첫째는 빨갱이들의 난동으로 나라가 안정되지 않았다. 둘째는 북한에서 친일파들이 숙청을 피하여 남하하여 충성을 다하였다. 셋째는 토지개혁 등 친일 정리 과정에서 6·25 전쟁을 맞이하고 전쟁이 끝나고 나니 그들이 다시 권력을 쥐게 되었다는 것은 누구나 다 아는 사실이다.

친일사전을 만들어 한국민족의 애국심과 국가관과 국력이 배가 된다면 당연히 필요하다. 앞에서도 말했지만 대한민국 백성 모두가 관련된 사건을 파헤쳐서 과연 국가에 국민에 도움이 된다고 생각하는가? 다만 하지 말라는 이야기가 아니라 너무나 요란스럽게 하지는 말라는 것이다.

다시 종북으로 돌아가 보자. 종북세력들도 대한민국의 애국심과 국가관과 국력을 업그레이드시킨다면 당연히 필요하다. 그렇다면 그들의 행동도 떳떳하게 공개를 해야 한다. 그런데 종교단체에 숨어서 불법을 저지르는 것은 애국이 아니다. 종교는 치외법권의 지역이 아니다. 신앙의 자유를 보장하는 곳이다. 그러므로 종교단체에서 나쁜 일을 모의해도 되는 것은 아니지 않은가? 더더욱 문제는 위험에 처하면 오리발 작전을 내세우는 것이다. 그렇게 숨기려는 일을 왜 하고 국가와 국민을 위한다고 거짓말을 하는가 말이다.

3. 결론

이제 결론을 맺자. 경찰은 여러 가지 불편한 진실을 가지고 있다. 법집행에서 가혹행위나 후진국형 수사는 어쩔 수 없는 상황이었다고 변명하여 본다.

현재도 인터폴 국가 중에서 선진국들은 자기 나라에서 주는 출장비를 가지고 범인을 인도하는데 반하여, 후진국들은 커미션을 주지 않으면 범인을 비행기 탑승 과정에서 빼돌리고 도망갔다고 변명을 한다는 것이다. 선진국과 후진국의 차이를 가지고 국민성을 왈가왈부하는 것은 바른 방법이 아니다. 왜냐하면 가난한 자에게 왜 배를 곯느냐 하는 것과 같으니까. 후진국도 여유가 있다면 왜 밥을 굶고 헐벗고, 커미션을 바라겠는가?

이제 한국은 선진국을 향해 가고 있다. 선진국처럼 넓은 아량을 가지고 국가 발전을 위하여 힘을 합하여야 한다. 그리 하려면 서로 상부상조해야 한다. 가진 자의 것을 내놓도록 하는 기술도 필요하다. 그것이 햇볕 정책이 아니던가. 대기업에게서 빼앗으려고 하면 결국 그들은 더 감추고 감쌀 것이다. 마치 강풍에 오버로 감싸는 신사처럼 말이다. 대기업의 사장도 노동자처럼 노심초사 노력하여 돈을 모으는 것이지 하늘에서 저절로 떨어지는 것은 아니란 말이다. 부탁하고 싶은 말이다. 서로 적개심을 가지지 말고 도와주고 협조하는 마음이 필요하다. 도움을 받았으면 당연히 감사를 표시해야 한다. 내 것이 귀하면 남의 것도 귀하다는 것을 알아야 한다. 그런데 종북들은 오늘도 중국 공산당 모택동의 16자 전법을 그대로 사용하고 있다.

적진아퇴敵進我退 적이 오면 물러나고
적지아요敵止我搖 적이 멈추면 교란하고
적피아타敵疲我打 적이 피하면 공격하고
성동격서聲東擊西 동에서 소리치고 서를 친다.

진정 대한민국의 국민을 위하여 민주주의를 수호한다면 교란하고 공격하지 말아야 한다. 부정한 방법으로 권력을 잡으려고도 말고, 정당한 방법으로 선의의 경쟁을 벌여야 한다. 그것만이 대한민국을 위하고 민주주의를 지키는 일이다. 지금 대한민국은 선진국에 버금가는 경제력과 경쟁력을 가지고 있다. 국민들은 어리숙하지 않다. 국민들을 속이려 하지 말자. 그저 미래를 향하여 창의력을 발휘하자. 남을 탓하기 전에 나부터 바로 서자. 대한민국의 앞날만을 걱정하고 나부터 희생하자.

대동제 유감

2012년 도민과 함께하는 전북문인 대동제가 여산재에서 성황리에 마쳤다. 버스가 3대나 운행되는 거대 행사였다. 소양과 위봉폭포를 지나 대추나무집부터는 외길처럼 논길 밭길을 곡예 운전을 하며 갔다. 접수 시 약간의 혼잡으로 개회시간이 늦어졌다. 전북문인협회 회장의 개회사, 전북도지사의 축사(대독), 전북예총회장, 도의회 의장의 축사도 있었다. 중식은 상추, 고추 등 웰빙 자연식으로 먹었다. 음악과 시낭송에 푸짐한 경품까지 성공적인 행사였다.

옥에도 티가 있다는 속담처럼 성공적인 대동제에 유감스러운 일이 벌어졌다. 그 일은 초청인사의 강연에서 일어났다. 이 고장 출신 미당이 친일이라며 〈국화 옆에서〉 국민의 애송시를 말살해야 한다는 것이다.

문협회장과 도지사 축사에서 가람, 석정, 미당, 해강, 채만식은 전북의 자랑이라며 칭송을 하고 난 뒤 바로 고춧가루를 뿌리는 것이었다. 다른 도에서 그랬다면 과연 문인들이 가만히 있었을까? 누구 하나 이의를 제기하는 사람은 없었다. 전북의 문인은 얌전해도 너무나 얌전하였다. 평론가 K씨는 서두에 수필이 우리나라에서 문학으로 대우를 받지 못하는 이유와 앞으로 수필이 나아가야 할 길을 이야기하다가 갑자기 80년대 KBS 스튜디오에서 서정주와 나는 당시의 한국문학을 말하는 대담프로를 시작하다가 문학의 사회성 문제로 감정적 돌발 사태를 일으킨 일이 있었다는 것이다.

"요즈음 사람들은 감정이 메말라서 시를 안 읽습니다."

서정주가 이렇게 말하자 나는 이렇게 맞받았다.

"아닙니다. 요즘은 시중에서 시집이 더 많이 팔리고 있습니다. 다만 선생님의 시만 안 읽고 있습니다. 선생님의 시에는 우리 모두의 아픔이 없기 때문입니다."

이 말이 끝나자 서정주는 벌떡 일어나서 스튜디오 문을 밀고 나가버렸다. TV녹화가 중단되는 방송사고였다. 패널은 약간 명이지만 여기에 매달린 전체 인원은 20명이 넘는다. 한참 뒤에 그는 뒤쫓아 나갔던 PD와 함께 되돌아왔다. 그리고 내게 큰소리로 말했다.

"그렇게 사회문제만 쓰면 시는 다 망친단 말이오."

사회문제란 곧 우리 모두의 문제다. 80년대는 참혹한 광주 학살 사건이 터지고 김지하는 사형언도를 받았고, 한수산, 박정만 같은 나의 제자 문인들 외 다수 문인들이 고문으로 비명을 지르고 있을 때 서정주는 그 국가 반란자를 하늘이 내리신 귀한 분이라고 극찬하며 대통령으로 모시라는 TV 연설을 하고, 그들에 의하여 시인으로서 최고의 대우를 받던 시기였다.

이 시기에 내가 우리 모두의 아픔이라고 한 것은 물론 그런 80년대의 사회적 관심사를 말한 것이다. 그리고 그 무렵에 잘 팔리던 시집들도 그런 우리의 아픔을 말한 것들이었다.

이런 시대성이 아니라 해도 문학의 본질은 마찬가지다. 허기지고 춥고 외롭고 억울한 타인들에 대한 사랑은 문학의 가장 소중한 주제가 되어야 하며 실제로 그것이 세계문학사다. 최근에 공지영의 〈도가니〉가 영화가 되고 베스트셀러가 되고 있다. 이런 감동적인 사회적 관심이 자꾸 사라지고 있다. 수필이 이런 사회성이 약한 이유는 역시 교과서에서 잘못 배운 탓도 있다.

여기까지는 좋았다. 서정주의 친일에 대한 비판으로 들어가더니 국민들이 애송하는 〈국화 옆에서〉가 왜 친일인지를 짚어 갔다.

국화는 일본 황실을 상징하고 있으며, 노랑 국화는 천황을 의미한다는 것이다. 한 송이는 틀림없이 천황이라는 것이다. 소쩍새는 전설에 나오는 서쪽 새로 〈귀촉도〉에서도 나온단다. 억울하게 죽은 혼을 말하는 중국 전설에도 있다고 한다. 거울 앞에 선 누님도 한국은 앉아서 화장하지 서서 거울 보는 사람이 어디 있느냐? 그것은 일본 전설에 나오는 여자이다.

K 평론가가 가장 주목하는 대목

"머 언 젊음의 뒤안길에서/ 인제는 돌아와 거울 앞에 선/ 내 누님같이 생긴 꽃이여…"는 누구나 쉽게 이해할 수 있는 구절이 아니라고 ≪한국일보≫(2012. 11. 3.) 토요에세이(김승웅) 〈거울 앞에 선 누님의 뒤안길〉에서 속 시원하게 읽을 수 있었다.

그러니까 불알친구가(독립기념관 건축설계자 김기웅) 보내준 메일에 의하면 고교 시절 국어교사였던 신석정 선생님의 회고담이었다.

'해방직후로 학생들이 밤마다 전주시내의 극장에 영화 보러 가는 게 다반사였던 시절이었단다. 선생님은 같은 학교 국어교사였던 미당과 한조로 매일 밤 전주시내 극장 뒷골목으로 학생들 잡으러 가는 게 일과였는데,

사내 학생들과 낄낄대다 플래시를 받는 순간 당황하던 여학생들의 모습과 표정이 정말 가관이었다는 거야. 바로 그 표정을 미당은 〈국화 옆에서〉라는 시를 통해 그립고 아쉬움에 마음 조이던 젊음의 뒤안길로 표현한 것이라며, 미당이 나와 술 마시며 들려준 얘기다. 알겠나. 요것들아? 하시더라. 승웅이 네가 궁금히 여기는 누님의 뒤안길은 당시 후라빠라 불리던 불량소녀들이 매일 밤 헤매던 젊음의 뒷골목이라 여기면 된다는 말이다. 승웅이, 넌 이런 얘기 모를 것이다. 중학 졸업하고 쪼로록~ 서울로 튀어 버렸으니까.'

이 글로 보면 거울 앞에 선 누님은 화장하기 위하여서가 아니라 뒤안길 후라빠, 즉 불량소녀들이 자신을 뒤돌아보는 모습이다. 이런 작가의 시상과는 전혀 다른 K평론가는 자기만의 생각이 진실인 양 왜곡 폄하하는 모습은 평론가의 바른 자세는 아니라고 본다.

더구나 "국화 옆에서는 1947년 11월 9일자 ≪경향신문≫에 발표한 작품인데 왜 친일인가?"에 대하여 자문자답한다. 그것은 해방 후 친일파를 숙청하지 않아서 40%가 친일이었으니까 당연하다는 거다. 모두가 맞는 말 같다. 그러면 왜 K평론가는 미당을 친일로 짜맞추려고 하는가?

다음 전옥배(한국불교 영어번역연구원장)의 시 해설을 들어보고 이야기하자.

미당 서정주(1915~2000)는 우리나라를 대표하는 시인 중 한 분으로 현대 시문학의 새지평을 열은 문학계의 거목이다. 서정주 시인은 동국대 전신인 불교전문학원에서 수학해서인지 작품은 낭만적이면서도 내적으로는 심미적이며 불교적으로 윤회사상이 다분한 시를 많이 남겼다.

그의 대표작이라 볼 수 있는 시 〈국화 옆에서〉는 그가 추구하는 작품세계가 집약돼 있다고 볼 수 있다. 시에서 말하는 한 송이 국화꽃은 시인이 가을을 노래한 것은 아니다.

국화꽃에 빗댄 우리들의 삶의 한 줄거리를 이야기하고 있는 것이다. 이 시에서 꽃의 이미지를 통한 생의 성숙과 삶의 모습이 제시되고 있다.

기승전결의 정제된 형식은 봄, 여름, 가을, 겨울이라는 사계의 순환 법칙과 함께 불교의 사고四苦로 표현되는 생로병사라는 생의 변화 과정을 대비하고 있다고 볼 수 있다. 시인이 말하는 국화꽃은 우리들 일생의 소망과 성취이며, 소쩍새는 바로 우리들이다. 그리고 소쩍새가 우는 봄은 우리들의 청춘을 비유한다.

봄은 소생을 말하기도 한다. 그러니까 한 송이 국화꽃(소망)을 꽃 피우려 봄(청춘 시절)부터 소쩍새(우리들)는 그렇게 울었던 것이며, 그리고 한 여름의 천둥은 먹구름(삶의 고달픔) 속에서도 한 송이 국화꽃을 피우기 위해도 그렇게 울었던 것이다. 이 시의 화자는 누님과 국화에 대한 이야기를 시로 완성시키기 위한 것이라고 추정할 수 있다.

국화 한 송이가 피기 위해 그런 과정이 필요했듯이 누님의 정신적 성장에도 역시 시련과 방황이 필요했고, 그 이후에야 성숙한 여인으로 거울 앞에 설 수 있었을 것이라는 결론에 도달하게 되는 것이다.

이 글을 읽어 보면 K평론가가 〈국화 옆에서〉를 친일로 풀기 위하여 여러 가지 자료를 수집 입증한 노력은 대단하다. 이 세상에서 짜맞추기식 수사에서 자유로울 사람이 몇이나 되겠는가? 미성년자가 아니라면 귀에 걸면 귀걸이 코에 걸면 코걸이가 아니겠는가?

뒷말이 있자 K평론가는 전북문협을 상대로 미당 서정주 시인 친일관계 공개 토론을 제의하였다. "강의 내용이 회원 여러분 등 많은 분들을 불편

하게 해드린 것 같아 송구스럽다. 그러나 서정주 찬미는 중단되어야 한다."라고 강조하였다,

그는 강연시간을 대부분 미당 비난으로 허비하며 대동제 분위기를 흔들어 놓았다. 대동제는 기대에 찬 지역문인들을 격려하고 희망과 용기를 북돋아주어야 하는데 오히려 초청 단체의 성의에 대한 최소한의 예의도 저버렸다.

"미당 생전에 논쟁을 벌인 일이 있느냐?"

전북 문인들의 가슴에 못을 박고 찬물을 끼얹은 행위는 우리 전북을 무시한 처사이다. 문인이기 이전에 사람이 되어야 한다. 비판을 해도 최소의 예의는 갖춰야 한다. 미당 친일 토론은 미당을 부관참시하자는 말이다. 이미 고인이 된 사람을 들춰서 망신을 주자는 것이라면 말이다.

우리는 먼저 미당 친일관계 토론에 앞서 K평론가에 대한 평가 토론을 하여야 한다. KBS스튜디오에서 10세 이상 차이 나는 후배가 깐죽거리면 그 어떤 사람이 자리를 뜨지 아니하겠는가? 깐죽거린다고 하면 이상하게 생각할는지 모르지만 아마 미당은 그렇게 생각하였을 것이다. TV토론이 아니라면 그 자리에서 폭력이 나올 수가 있지만 덕망이 있는 미당이니까 그 자리를 뜬 것이다. 저런 자하고는 토론할 가치가 없다고 생각하신 거다. 그래도 PD의 간청으로 대담을 끝까지 마친 미당의 인품을 높이 사야 한다. K평론가는 자리를 박차고 뛰쳐나갔다고 하지만 그것은 미당을 폄하하기 위한 표현일 것이다.

또 하나는 미당의 시는 안 팔리고 자신의 시는 잘 팔린다면 굳이 지원금을 받을 필요가 없고 오히려 문예진흥기금을 내서 문인들을 지원해 주어야 맞지 않는가. 내가 문단에 들어와 보니 있는 사람이 더한다고 유명인들이 더 많이 지원을 받으려고 줄을 서 있는 것을 보았다. 세 번째는

미당이 아부를 하여 문화훈장을 받았다고 생각한다면 본인은 그런 상을 받으면 안 되는 것 아닌가? 그것은 마치 남이 하면 불륜이요 내가 하면 로맨스라는 정치인의 논리와 부합하는 것이다.

어쨌든 미당은 전북을 알리는 문인이다. 거시기 노래, 선운사 동구, 내소사의 전설 등은 우리 고장의 자부심을 갖게 한다.

전라도의 토속어 거시기는 지금 우리의 표준말보다 더 재미있게 사용하고 있다. 선운사 동백의 아름다움도 미당의 공로이다.

우리는 왜 황금찬 시인을 존경하는가를 다시 한 번 깨달았다. 95세의 연세에도 꼿꼿하게 서서 강의하시는 품격에서 문인의 지조를 배웠다. 독제에 대한 저항만이 절개가 아니라 문인으로서의 자존심을 지키는 것이 중요하다.

황금찬 시인이라고 어찌 전북에 대한 아름다운 추억만 있겠는가? 추한 모습도 있어야 맞지 않는가? 그러나 그분은 시종일관 칭찬과 덕담으로 문학에 대한 자부심을 갖게 하였다.

그에 비하면 K평론가는 시종일관 트집을 잡으려는 사람처럼 보였다. 개 눈에는 X만 보인다고 문인은 휴머니즘이 있어야 한다면서도 이해심은 없었다. 국화꽃이 친일이고 노랑 국화꽃이 일본 천황이면 국화꽃으로 시를 쓰면 안 된다는 말인가? 아니면 미당이 지었기 때문에 친일이라는 말인가?

"시장에 갓 쓴 사람은 다 네 할아버지냐?"하는 속담이 있다.

"미당이 지으면 다 친일 시냐?"

문학은 독설로 하는 것이 아니다. 인류의 사랑과 생명의 귀중함을 알아야 한다. 내 작품이 귀하면 남의 작품도 귀함을 알아야 한다. 나만 밤잠을 못 자고 피를 토하며 글을 쓰고 남은 놀면서 쉽게 쓰는 것이 아니기 때문이다. 미당은 너무나 어렵고 힘든 가정에서 태어났지만 배우고자 하는 열의가 있어 지금의 미당이 된 것이다. 더구나 전북이 나은 서정시인으로 자리매김을 한 것이다.

K평론가는 황금찬 시인과 달라도 너무나 다르다. K평론가가 언급한 김지하 시인이 불교 방송에서 "지난 세월을 어떻게 생각하는지? 다른 사람에게도 그런 삶을 권하고 싶은가요?" 물었다.

그의 대답은 뜻밖이었다. 지난 세월을 후회한다 했다. "왜냐?" 하고 물으니, 너무나 많은 사람들에게 은혜를 입은 것보다 더 힘든 것은 가족들은 물론 많은 사람들에게 괴로움을 주었다는 것이다. 내가 아내를 위하여 자식을 위하여 부모를 위하여 한 번도 도움이 못 되었다는 것이다. 문인도 인간이라면 남에게 도움을 주는 인물이 되어야 하지 않을까 한다.

머시기 사람들 이야기

• 웃자고 한 말에 초상난다

"사람은 왜 사는가?"

"말하고 싶어서 산다."

"무슨 말이 그렇게 하고 싶나?"

"음담패설보다 더 지독한 남의 악취 나는 허물 뒤적여 사람이 도망가는 꼴이 우스워 죽을 지경이다."

요즈음 국회의원 선거전을 보면서 하는 생각이다. 민간인사찰, 입막음 돈거래, 논문도용, 음담패설 사과, 색깔논쟁, 여성비하 등등 이루 다 나열할 수가 없다.

인간은 진실을 추구하며 산다. 그런데 세상은 거짓투성이다. 그래서 인간은 진실을 추구하며 사는지도 모른다.

우리는 양치기 소년의 거짓말을 기억하고 있다. 글을 읽을 줄만 알면 책을 읽어서 양치기 소년쯤은 알고 있다. 설령 글을 몰라도 이야기를 들어서 알고 있다. 누구나 다 아는 이야기지만 요약하면,

'양치기 소년이 산에서 "늑대 온다!"하면 동네 사람들이 몽둥이, 쇠스랑

등 연장을 들고 뛰어 온다. 양치기 소년은 그 모습이 너무나 재미있었다. 거기에 재미가 붙어 소년은 심심풀이로 "늑대 온다!"고 외쳤다. 늑대 온다는 말에 두 번 세 번 속은 사람들은 진짜로 늑대가 올 때에는 한 사람도 뛰어 나오지 않았다. 양치기 소년은 늑대에 물려 죽었다.'

우리는 양치기 소년보다는 늑대에게 물려 죽은 늑대 소년으로 더 쉽게 인식하고 산다. 거짓말을 많이 하다 보면, 그 거짓말 때문에 자기가 피해를 보게 된다는 교훈이다.

거짓말은 중독성이 있어서 한 번 두 번 하다 보면 거듭하게 된다. 거짓말은 사람들의 관심을 한곳으로 불러 모을 수가 있어 재미가 있다. 세상 사람들의 관심을 모으기 위하여서는 터무니없는 거짓말보다는 그럴듯한 거짓말을 하여야 한다. 많은 사람의 관심 대상은 대통령이나 권력자, 연예인들이다. 그런데 요즈음의 거짓말은 거짓말을 한 사람이 피해를 보는 것이 아니고 거짓말 당한 사람이 피해를 보는 게 특징이다. 거짓말을 하는 자는 숨어 있고, 거짓말을 당하는 사람은 노출되어 있기 때문이다. 정치판의 양치기 소년들은 숨어서 "늑대 온다!"하니까 양들만 늑대에게 물려 가는 꼴이다.

2012년 국회의원 선거 판이 열리면서 거짓말의 전문가가 등장하여 시끌벅적하다. 그들은 인터넷 방송을 통하여 인기몰이한 사람들이 많다. 그들의 주가는 하늘 높이 치솟아 국회의원 후보이거나 비례대표로까지 발탁되었다.

거짓말을 잘한다는 이유 하나로 벼락출세의 길이 열리는 것이다. 거짓말에 재미를 본 그들은 "믿거나 말거나, 아니면 말고" 또 새로운 거짓말을 만들어낸다. 거짓말 전문가들은 책임성 없는 막말을 마음껏 해대는 것이다. 거짓말에도 등급이 있다. 고도의 수준 높은 거짓말일수록 흥미가 더 있고, 쾌감이 더 크다.

이 세상에서 남을 죽이려는 거짓말처럼 악랄한 것은 없다. 없는 사실을 유포하여 선거낙선, 명예훼손, 회사의 도산, 인생 망신과 파멸, 모욕 등을 주어 죽음에 이르게 하니 이보다 더 잔인한 말은 없다. 거짓말이 아니라도 지나치게 과장하면 분노를 일으키게 된다. 한 사람보다 여러 사람이 집단적으로 매도하면, 그 어떤 사람도 견디지 못하고 죽음을 생각하게 된다. 그래서 선거판에서는 상대편을 죽이려고 작정한 거짓말이 난무한다.

인간의 문명은 말로 시작되었다. 말로 시작한 문명이 말로 종말을 가져오는 것은 아닐까? '세 치 혀가 사람을 죽이기도 하고 살리기도 한다.'는 말이 있다. 세상 싸움은 거의 말로 시작된다. 금융사기도 말로 시작되므로 보이스피싱이다. 따지고 보면 재판도 거짓말 때문에 벌어진다. 재판의 99%가 거짓말을 입증하기 위하여 벌어지는 것이다.

고대 희랍에서는 변론술 교육이 유행하였다. 그로 인하여 궤변가가 등장하여 억지의 말들이 탄생하게 되었다. 앞으로는 더 많은 변론가들이 등장하여 궤변을 늘어놓을 것 같아 흥미롭다. 말만 잘하면 똑똑한 줄로 아는 세상이 되었기 때문이다.

거짓말 좋아하는 데는 종교인들도 예외는 아니다. 인간 최초의 죄도 아담이 선악과를 따 먹고 거짓말을 한 데 있지 않았던가? 가장 정직하고 진리를 추구하여야 할 종교 지도자가 가장 나쁘다고 비난받아 마땅한 거짓말을 진리라고 포장하여 들고 나온다. 그중에서 러셀 교주教主라는 사람은 예수 재림설, 아마겟돈 전쟁설, 보통 밀보다 빨리 자라는 밀이라고 속여 판매하는 등 다양한 속임수를 들고 나온다.

≪법구경≫에 보면 "거짓말을 하면 지옥에 떨어진다. 거짓말을 하고도

하지 않았다고 하면 두 배의 벌을 받게 되나니 자기 몸을 이끌고 지옥에 떨어진다."고 하는데, 요즈음 이 법문을 기억하려는 사람이 얼마나 있을까?

버나드 쇼는 "거짓말쟁이가 받는 가장 큰 형벌은 그가 다른 사람으로부터 신임을 받지 못한다는 것보다는 그 자신이 아무도 믿지 못하는 슬픔에 빠지는 데에 있다."라고 했는데 그 누가 눈이나 깜짝할까?

어쩌면 우리나라 속담 "벼락 치는 날 하늘도 속인다."는 표현이 이 시대의 슬로건처럼 적절한 표현이다. "입술에 침이나 바르지."하는 속담도 한국인의 거짓말하는 습성을 너무나 잘 표현하는 말이다.

독일인도 한국인처럼 거짓말을 잘하는지 "거짓말에는 세금이 붙지 않는다. 그러므로 온 나라에 거짓말이 넘쳐나고 있다."라는 속담이 있다.

이제 이 세상에서는 "말이 많으면 몸을 해치느니라."하는 노자의 말도, "말은 칼보다 더 날카로운 무기이다."라는 포킬리데스의 말도, "군자는 말이 적고 소인은 말이 많다."는 예기의 말도 명언처럼 들리지가 않는다.

그러나 우리는 "웃느라 한 말에 초상난다."하는 속담을 새겨들어야 한다. 잡초 밭에서는 작물이 자라지 못하는 것과 같이 거짓말 속에는 진실이 존재하지 못한다.

인간이 얼마나 거짓말을 하고 싶었으면 만우절을 만들어 거짓말을 할까? 우리는 언제까지 이런 거짓말 세상에 살아가야 할지 걱정스럽다.

이제 침묵의 날을 만들어서 말없는 세상에 살아보면 어떨까? 세상에 단 하루라도 침묵하고 살아봤으면 한다. 침묵하는 세상은 저절로 행복할 것 같다. 주 1회 아니면 1년 1회라도 침묵의 날을 가졌으면 한다. 모든 것은 자동 시스템으로 운용하고 신문도, 방송도, 인터넷도 말이 없어야 한다. 교통도, 통신도, 생활도 쉬는 것이다. 심지어 종교의 행사도 말이 없어야 하고, 그저 아무 말 없이 휴식만 하는 것이다. 그런 날이 오지는 않더라도 상상하는 것만으로도 마음이 편안해진다. 아– 침묵의 날이여!

• 양심에 털 난 사람

사람은 털이 극히 일부분에만 난다. 왜 사람에게는 털이 일부분에만 날까? 다윈의 말대로 진화를 하였다면 어째서 사람만 털이 없을까? 옷을 입기 때문이라면 애완견에게 옷을 입히면 털이 나지 않을까? 그렇다면 옷 속 은밀한 곳에 털이 나는 까닭은 무엇일까?

≪성경≫에는 태초에 사람을 흙으로 만들 당시부터 벗고 있었다고 한다. 처음에는 죄를 짓지 않았기 때문에 실오라기 하나 걸치지 않아도 부끄러움을 몰랐다고 한다. 인간이 처음 죄를 짓고 나서 부끄러움을 알게 됨으로 자기의 수치가 들어날까 봐서 나무 뒤에 숨었는데, 하나님이 부르자 나뭇잎으로 중요한 부분만 가리고 나왔다. 햇볕이 나뭇잎을 마르게 하자 치부가 다시 드러났다. 하나님은 인간을 그대로 둘 수가 없어서 가죽옷을 지어 입도록 하였다는 것이다.

≪성경≫의 기록대로라면 인간은 털이 없기 때문에 부끄러움을 아는 존재가 되었다. 인간은 부끄러움을 알기에 거짓말을 하면 얼굴이 빨개지고, 가슴이 콩당콩당 뛰게 되는 것이다. 이러한 인간의 심리를 이용해서 만든 기계가 거짓말 탐지기이다. 거짓말 탐지기는 심장 박동, 호흡, 피부의 습도, 긴장 등 신체의 반응을 세심하게 분석하는 것이다. 그 자료를 토대로 이 사람이 거짓말을 하고 있는지 진실을 반응하고 있는지 판단하는 것이다.

그러면 양심에 털 난 사람은 얼굴 등에서 거짓말 탐지기의 반응이 나타나지 않는 사람이다. 보통 사람은 거짓말 탐지기에 반응을 하는데 양심에 털이 난 사람은 그것조차 무용지물이 된다는 말이다. 양심을 속인다는 말은 하나님도 속인다는 말이다.

세상이 무서워졌다. 사람이 무서워졌다. 사람의 말이 무서워졌다. 보이스피싱으로 수천만 수십억 원을 날리는 사건은 말로 사람을 속이는 것이다. 보이스피싱이야 전화로 이루어지는 사건이지만 얼굴을 맞대고 그것도 공개된 장소에서 모든 사람이 들을 수 있고, 오늘뿐만 아니라 내일도, 모레도 들을 수 있는 기계장치 앞에서 스스럼없이 거짓을 말하는 사회가 되었다.

장사를 하는 사람이야 세상 사람들이 인정하는 거짓말쟁이다. 자기의 물건을 팔기 위해서는 과장 광고에 단점을 숨기기 때문이다. 그래서 옛말에 이 세상에 3순위의 거짓말쟁이가 있는데, 첫째가 처녀가 시집가지 않겠다는 말이요, 두 번째가 노인이 빨리 죽고 싶다는 말이요, 세 번째가 장사가 밑지고 판다는 말이라 했다.

요즈음에 첫째와 둘째는 바뀐 것 같다. 노처녀가 늘어가고, 노인들이 자살을 하고 있으니 말이다. 세 번째도 거의 바뀌고 있다. 투명한 사회, 숨길 수 없는 사회, 소비자 보호단체가 불철주야 감시를 하고 있기 때문에 예전과는 다르다.

이제 새로운 거짓말쟁이는 첫째 정치인들의 공약이다. 부정부패를 사회의 적이라 부르짖고서, 부정한 돈을 받고 감옥에 가는 사람이 그들이다. 둘째 종교인의 양심이다. 사랑, 자비, 포용을 입버릇처럼 지껄이면서 뒤로는 공금횡령, 세습에 성추행, 음주도박, 위선 등 사회적 불의를 신의 계시라고 얼버무리고 있으니 말이다. 세 번째는 지식인들의 권물權物욕이다. 물욕을 위하여 논문을 표절하고 거짓 연구를 발표하여 사회적인 물의를 일으키고, 권세를 얻기 위하여 정치인들의 이전투구에 휩쓸리고 있으니 말이다.

어찌 양심에 털 난 사람이 이들뿐이랴!

가짜 발기부전 약을 파는 약사들, 성형을 부추겨서 고통을 안기는 의사들, 진실을 밝히기보다는 자기의 편의대로 판결하는 검판사들, 백성을 무시하는 공직자들, 국가의 안위를 위협하는 군인들, 남의 약점을 무자비하게 파고들어 막말로 공격하는 누리꾼들, 먹거리로 장난질하여 국민의 건강을 해치는 사장님들, 선량한 사람을 모시어 가정을 파괴하는 도박꾼들, 에로물을 퍼뜨려 성추행을 부추기는 동영상 제작자들 등등.

양심에 털 난 사람을 찾는 것보다 양심에 털이 나지 않은 사람 찾기가 더 어려운 세상이다. 그래도 가뭄에 콩 나듯, 연말만 되면 아무도 모르게 성금을 동사무소에 보내는 이름 없는 기부천사, 폐지를 주워 대학교에 장학금으로 기증한 할머니, 신체를 기증하여 생명을 살리는 살신성인, 나보다 남을 더 사랑하는 신앙인, 불우한 소년소녀 가장을 도우는 봉사자들….

어쩌면 이들이 촛불이 되어 세상의 어두움을 밝히고 있는지 모른다. 옛말에 "머리에 털 난 짐승은 믿지 마라!" 했다고 한다. 인간처럼 변덕이 심한 동물도 없다. 대표적인 장소가 정치판이다. 대통령 선거를 앞두고 양심에 털 나지 아니한 사람이 많아져서 금년 겨울이 훈훈하여지기를 빌어본다.

• 화나면 남대문에 불 지르는 나라

우리의 대명절 설날이 지나고, 초사흘도 지나간 그다음 날, 서울 한 번 가보지 않은 산중 시골사람도 다 알고 있는 우리 민족의 상징 남대문에 불이 났다.

초사흘은 달이 뜨기 시작하는 날이기에 시루떡을 해 놓고 복을 비는 풍속이 우리에게 있다. 풍년을 비는 농민과 풍어를 비는 어민에게 정월 초사흘은 매우 귀한 날이다. 초사흘에 복을 빌었는데도, 610년을 지켜온 우리의 문화재 1호 남대문이 사라졌다. 병자호란, 임진왜란, 6 · 25 때에도 끄떡없었던 남대문이 불타 없어지는 모습을 5천만 국민은 두 눈을 부릅뜨고 보고만 있어야 했다.

우리나라에서 문화재를 가장 잘 아는 사람이 최고 책임자로 있었는데도 불구하고 남대문이 불에 탔다. 그분은 공교롭게도 퇴직을 앞두고, 어떤 회사에서 여행 경비를 지원받아 구라파에서 부부동반 관광을 하고 있었다. 아무리 최고의 문화재 전문가가 버티고 있어도 방화범 앞에는 속수무책이었다. 우리는 불을 질러 놓고 가슴 아파했고, 분노했고, 눈물을 흘리는 애국심을 보여주었다. 그 모습은 너무나 초라했고, 더 나아가 가증스러웠다.

나는 지금도 불을 다룰 때마다 어릴 적에 성냥을 가지고 놀다가 어머니에게 들었던 경고 메시지를 떠올린다. 그런데 우리 모두의 기억에 남아 있어야 할 불조심 경고는 지나간 10년 동안 불놀이 경고로 바뀌었다.

농민이 벼 가마, 고추 부대에 불을 지르고, 도민이 도청 건물에 불을 지르고, 심지어 자기의 몸에 불을 지르면 사회적 영웅으로 떠받드는 사회가 되었다. 우리가 농민을 천하지대본이라 한 것은 쌀 한 톨, 채소 한 포기라도 자식처럼 키우고, 소득이 많든 적든 하늘에 먼저 감사를 드리기 때문이다. 농사는 사람의 힘만으로는 불가능하기 때문에 하나님께 고마움을 표하는 것이다. 그렇게 선량했던 농민이 자기가 생산한 농산물에 불 지르는 것이 익숙해졌다. 더더욱 놀라운 일은 공공기물에 불을 지른 방화범을 구속하지 못하도록 기자회견을 하고 보도되지 않으면 항의하는 뻔

뻔한 사회가 우리의 현실이다.

이 사회는 마치 경찰이 도둑을 뒤쫓아가는데, 도둑이 갑자기 뒤돌아서서 경찰을 보고 “도둑 잡아라!” 하면 시민이 합세하여 경찰에 폭력을 행사함과 같다. 잃어버린 10년 세월 우리의 가치관은 문화재에 불을 지르고 가슴을 치며 눈물을 흘리는 세상으로 바뀌었다. 조상에게는 면목이 없고, 후손에게는 죄를 지었다며 꽃을 갖다 놓고 큰절을 올리지만, 한편은 제사상을 차려놓고 수입을 올린다.

화재 현장을 볼 수 없는 펜스에 분노하더니, 성금으로 남대문을 복원하자는 대통령 당선자의 말 한마디는 메가톤급 분노가 되어 폭발하였다. 성금을 내기 싫으면 안 내면 되는데도, 문화재의 복원보다는 대통령의 사과에 더 관심을 갖는 이중적인 민족이다. 정의라는 이름으로 악이 선을 구축하는 사회, 민주라는 이름으로 목소리 큰 사람이 지배하는 사회가 되었다.

민주도, 민족도, 평등도, 복지도 좋다. 하지만 아무리 화가 나도 자기 몸, 자기 집, 자기 나라에 불을 지르는 사회, 도둑이 경찰 위에 군림하는 세상은 아니 된다.

• 해머로 부순 나라 해머로 망한다

단칸방에서 7남매가 함께 살던 시절에는 변변하게 놀거리가 없어 치고받고 까불다가 부모님에게 얻어맞는 것도 하나의 일과였다. 먹는 게 시원치 않았으니 활동을 줄여야 배가 덜 고플 텐데, 우리는 산과 들을 쏘다니며 놀곤 했다. 궂은날에는 밖에 나가지 못하고 집 안에서 형제들끼리 손찌검이라도 벌어질라치면 한쪽에서는 울고, 또 다른 한쪽에서는 웃고 야단이 난다. 어쩌다가 방문을 걸어잠그고 도망을 칠 때가 있다. 방문이래야 대나무로 얼기설기 엮어서 창호지를 바른 문이라 손가락뿐 아니라 팔목까지 집어넣어 문을 열 수가 있다. 그러나 그렇게 하지 않는 이유는 창호지가 찢어지면 부모님에게 야단맞기 때문이다.

그런데 다사다난했던 무자년戊子年을 마지막 보내며 안타가운 광경을 보게 되었다. 대한민국의 최고 입법기관에서 공사장에서나 쓰는 대형 해머로 국회의사당 문짝을 뜯어내고 불이 나면 사용하는 소방호스를 끌어다가 물대포를 쏘며 적진에 침투하듯 책상과 집기를 부수고 있었다. 수백 명의 구경꾼들은 근심어린 눈초리로 바라만 볼 뿐 말리거나 저지하는 사람은 없었다.

수출 4,400만 불을 달성한 세계 12대 경제 대국의 국민이라고 믿기에는 너무나 가슴 아프다. 그것도 대한 국민을 대표한다는 국회의원이라는 사람들이!

자기 집이라면 저렇게 무자비하게 파괴할 수 있을까? 혈세 혈세를 찾던 애국 시민들은 어데서 무엇을 하고 있는지? 눈을 감고 잠을 자고 있는가? 아니면 해외여행이라도 나갔단 말인가? 광화문 민주촛불의 동지들은 어디에서 놀고 있단 말인가? 인터넷 광장을 누비던 네티즌들은 나라가 망하기라도 바라는 것일까?

국민이 저렇게 국회의사당 문을 부셔도 의법 조치를 하지 않을 것인가? 담배꽁초만 버려도 벌금을 내도록 법을 만든 장본인이 그들 아닌가? 그렇다면 국회에서 만드는 법은 백성만 지키고 국회의원은 면죄부를 주었다는 말인가?

불법은 민주가 아니다. 파괴는 인권이 아니다. 우리는 언제부터인지 불법 폭력 집회가 애국인 양 날뛰고 있다. 내 인권을 주장하려면 남의 인권을 인정해야 하고, 민주를 부르짖으려면 법을 지켜야 한다. 혈세가 아까운 줄 알면 국가의 재산을 보호할 줄도 알아야 한다.

'상탁하부정上濁下不淨'이라는 말이 있다. 윗물이 맑아야 아랫물이 맑다는 말이다. 나라가 어지러운 것은 국회의원부터 시작되니, 결국은 국회의원을 뽑은 국민의 책임이 더 크다. 국회의사당을 점거하고, 문을 걸어잠그고, 그 문을 때려부수는 선량들은 이제 집에서 아기나 보게 해야 한다. 멀쩡한 문을 부수고 봉급을 받는 나라는 세상천지에 대한민국밖에 없을 것이다. 그러고도 나라를 위한다고 선거구에 내려가서 홍보를 하겠지!

성서에 보면 대제사장이 파송한 사람들이 예수님을 잡아 십자가에 못박으려 검과 몽치를 들고 온다. 예수님 옆에 있던 베드로가 가지고 있던 칼로 그들 중 한 사람의 귀를 베어버린다. 그 광경을 보고 있던 예수님은 베드로를 꾸짖는다. "검을 든 자는 다 검으로 망한다."며 검을 꽂으라 한다.

크리스마스가 며칠 남지 않았다. 성탄절은 예수님의 탄생을 기념하는 날이다. 예수님은 온 세상 사람들이 서로 사랑하며 살기를 원했다. 사랑보다 더 큰 무기는 없다. 사랑은 해머보다 물대포보다 강하다. 성탄절이 지나면 새해가 다가온다. 기축년己丑年 새해에는 나라 망치는 일이 없었으면 하는 바람이 굴뚝같다.

2부

노년의 생각들

배롱나무

낙향영농

"퇴직을 하면 고향에 내려가 농사를 지어 보겠다."는 말은 "당신의 취미가 뭐냐?" 물을 때 "독서"라고 대답하는 것처럼 흔하게 듣는 말이다. 나도 37년간의 공직에서 물러나서 5년이 되는 금년에 집 근처 산비탈에 밭 한 뙈기를 얻어 영농을 시작하였다.

아주 어릴 때부터 아버지는 '농자천하지대본'이라며 밭일, 논일을 시키셨다. 보리파종, 보리밟기, 보리 베기, 모판 만들기, 모내기, 벼 베기 등에서, 삽질, 괭이질, 낫질, 쇠스랑질 등 농기구 사용까지 가르치셨다. 그중에 가장 힘든 작업이 지게질이었다. 비 오는 날 모를 지게에 지고 미끄러운 논 둔덕 길을 걷는 것은 곡예 중의 곡예였다. 또 인분을 지고 걸어가다 출렁거리는 오물을 피하여 넘어질듯 비틀거리면, 아버지는 "다 네가 싼 것인데."하며 웃으셨다.

아버지의 은덕으로 영농에는 겁이 나지 않지만, 영농기술이 부족하여 선배들에게 묻지 않을 수가 없었다. 우선 종묘상에서 퇴비와 씨앗을 구입할 때마다 묻고, 멀리 계시는 어머님, 대농을 경영하는 처가에까지 가르침을 받았다.

퇴비를 밑거름으로 사용하려면 3~5일은 가스를 배출해야 식물에 해가 없다 하였다. 지난해 묵혔던 밭이라 잡초를 제거하여 모으니 산처럼 쌓였다. 밭 한가운데가 퇴비장이 된 것이다. 아버지가 보셨다면 당장 치우고 씨앗을 뿌렸을 것이지만, 나야 퇴직하고 재미로 하는 영농이라 밭주인도 잘한다고 칭찬으로 격려한다.

우선 지난해 식탁 아래 두었던 감자와 생강, 토란이 싹이 나서 날씨가 춥지 아니한 날을 받아 밭에 심었다. 종묘상에서 구입한 배추와 무, 상추와 쑥갓, 아욱도 심었다. 고구마 밭은 도랑을 짓고, 참깨 밭은 둔덕을 지었다. 지난해 스티로폼에 흙을 담아 베란다에 심었던 부추도 밭으로 옮겼다.

매일 소일거리가 생겼다. 집에만 있던 나는 밭으로 달려가게 되었다. 자그마한 새싹이 돋아날 때마다 신기하고, 내일은 어떻게 변할지 궁금증이 발동하기 때문이었다. 궁금증이 밭으로 가게 하는 것만은 아니었다. 가뭄에는 물 걱정, 장마 때도 물 걱정으로 농사에 물 걱정은 다반사다.

감자는 고랑을 타고 심어야 하는데 둔덕에 심었더니 흙이 내려가 감자가 흙 밖으로 나와 초록감자가 되었다. 하지가 지나서 캤더니 두 상자가 나왔다. 제법 큰 감자도 있고 작은 감자도 있다. 처음 시작한 농사치고는 수확이 그런대로 괜찮은 것 같다. 상추와 쑥갓, 아욱은 고랑을 치지 않고 마구 뿌려서 크는 대로 솎아 먹어야 하는데 가뭄으로 오그라져서 먹을 것이 없다.

바로 옆에는 고랑을 타고 배추와 열무를 심었는데, 배추흰나비가 지나가더니 애벌레들이 잎을 다 갉아 먹어서 줄기도 보이지 않는다. 비가 내려서 새순이 돋으면 먹을까 했더니, 일주일 장마에 잎이 녹아서 먹을 것이 없다.

생강과 토란은 수분이 많아야 잘되는 수생식물이다. 그래서 수분 증발 방지용으로 잡풀을 덮었더니, 풀씨가 떨어져 잡초가 채소보다 먼저 알고 돋아났다. 손으로 일일이 풀을 뽑아 주었더니 겨우 생강 새싹이 보인다.

참깨는 가물어야 잘되는 식물로 밭 웃머리에 심었다. 구멍 뚫린 비닐을 깔고 구멍에 참깨를 심었더니, 서너 개에서 십여 개의 새싹이 아주 예쁘게 돋아났다. 너무나 많으면 결실이 적다 하여 두 개만 두고 뽑아내자니 마음이 짠하다. 참깨 순 사이 구멍으로 먼저 돋아난 바랭이의 성장 속도는 너무나 빨라 순식간에 밭 전체를 덮어버렸다. 방동사니, 돌피, 명아주, 쇠비름, 강아지풀, 망초대 등 다양한 종류의 잡풀이 일손을 기다린다.

참깨 밭 사이사이에 난 잡풀을 서너 번 뽑아 주었더니, 이제는 참깨가 잡풀을 이겨서 힘을 못 쓰게 한다. '아— 이래서 농사를 짓는 거구나!' 태풍을 대비하여 말뚝을 박고 줄을 쳐서 참깨 대가 넘어지는 것을 방비하였다.

고구마 둔덕에는 가운데 하얀색이 들어 있는 검정비닐을 씌웠다. 예전에는 비닐 없이 심었던 기억이 나는데, 요즈음에 비닐 없이 심으면 풀도 나지만 가뭄 타고, 밑도 적게 든다고 한다. 가뭄이라 물을 주고 고구마 순을 심는 농부도 있지만, 우리는 비가 내릴 때까지 기다려 심었다. 먼 거리에서 자동차로 물을 싣고 와 고구마를 심으면 경제성이 없을 것 같은데, 농부의 마음은 그것이 아니다. 파종 시기를 놓치면 수확이 줄고, 남 보기에도 부끄럽다고 생각한다. 고구마 밭 사이에도 바랭이와 방동사니 돌피가 일손을 바쁘게 한다.

지난해 돌씨로 돋아난 호박이 제법 넝쿨을 이루어 공터를 덮었다. 길가 밭 언덕에는 한삼넝쿨과 며느리밑씻개, 며느리배꼽이 넝쿨을 이루어 처리하기가 사납다.

영농의 별미는 고추와 오이, 토마토와 가지다. 고추는 1주에 100원씩 50주를 심었고, 오이와 가지, 토마토와 꽈리고추, 수세미와 파프리카는 3개에 천 원씩을 주었다. 고물 봉걸레 봉으로 말뚝을 박고 줄을 쳐 고추나무 등이 열매 무게로 인해 넘어지는 것도 방지하고, 태풍에도 대비를 하였다.

장마에 상추가 우거지니 달팽이가 갉아먹고, 지렁이가 제 세상을 만났다. 두더지, 개구리 등 천적이 없어서 그런다고 한다. 오이순 끝에는 무당벌레가 진딧물을 기다리고 있어서 비교적 깨끗하다. 오이와 호박, 가지는 빨리빨리 따야 다음 차례의 열매가 순조롭게 열린다. 너무 늦게 따면, 다음 순서의 열매가 크지 못하고 떨어진다. 가뭄에 메말랐던 밭에 비가 쏟아지니 고추와 참깨, 고구마와 상추가 춤을 추는 것 같다. 상추를 뜯어가지고 서울 아들 집에 갔더니 상추가 고깃값보다 비싸다며 귀하게 여기니 보람이 컸다.

그런데 장마가 그치지 않고 있어 걱정이다. 어제는 밭에 갔다가 갑자기 소나기가 내려 의지 간에 쉬고 있는데, 두꺼비가 등을 하늘 높이 쳐들고 엉금엉금 기어가는 꼴이 우습다. 세상에 저렇게 볼품없는 동물이 다 있나 싶다. 영농을 하다 보면 배울 게 너무나 많다. 식물뿐 아니라 동물에 대하여도 공부할 게 참 많다. 그래서 퇴직 후 낙향영농은 권하고 싶은 소일거리이다. 그리고 수필도 쓰고 말이다.

수필조각

나는 가끔 일상생활에서 수필 자료를 본다.

벼락 맞은 대추나무엔 도장을 새기고, 차진 고령토를 보면 도자기를 생각하고, 천 년 묵은 주목을 보면 목상을 구상하고, 쭉 빠진 대나무를 보면 합죽선을 그리며, 질과 색이 좋은 대리석을 만나면 석상을 꿈꾼다. 또 금강석, 옥석, 비취를 보면 귀중품을 만들고 싶은 것처럼 수필 자료를 요모조모 뜯어본다.

수필의 재료는 찾기 힘든 대추나무도 아니고, 세계에서 가장 단단한 다이아몬드 원석도 아니고, 흙속에 묻힌 고령토도 아니고, 천 년 묵은 주목도, 빛과 질이 좋은 대리석도 아니다.

끝없이 무궁무진한 수필 재료는 축구공만 한 머릿속에서 사유된다. 인간은 누구나 제 나름대로 생각을 가지고 있다. 생각이 없으면 인간이 아니다. 인간은 생각이 있기에 계획이 있고, 미래가 있고, 꿈이 있다.

인간만이 내일이 있고, 비전이 있고, 역사가 있고, 문화가 있다. 인간만이 내일을 생각하며 이웃을 배려한다. 인간만이 저축을 하고, 감상을 하고, 기뻐하고 공감한다. 인간만이 자기自己를 돌아보고, 타기他己(또 다른 자기)를 바라보고 이웃이 되어 살아간다.

각설하고, 오늘 나는 수필을 조각하려 한다. 형체도 없고, 빛도 없고, 향기도 없고, 맛도 없고, 느낌도 없는 허무맹랑한 수필 원료를 머리 한쪽 뇌리에 얹어놓는다. 어디를 잘라내고, 어디를 살려내고, 어떻게 모양을 잡고, 어디에 무늬를 조각하여 색깔을 입히고, 누구를 대상으로 만들 것인지를 고민한다.

수필 조각은 시각적으로 눈물샘을 자극할 수 없으니, 맛깔스러운 이야기로 입맛을 돋우어야 한다. 고소한 맛으로 코 평수를 넓혀서 심금에 전율을 안겨줄 침묵의 소리로, 농아의 마음을 흔들어 놓아야 할까 보다. 아니지, 아니지! 남녀노소 빈부귀천 그 누구나 관심을 가지고 재미를 맛보게 해야지! 재미없는 수필은 대문 옆 화단에 방치된 돌멩이에 불과하지! 수석은 잘 닦고 엷은 기름칠로 광을 내서 모양에 맞게 좌대 위에 앉혀 장식해야, 수석 문외한의 눈빛까지도 사로잡을 수가 있다 하지 않던가?

조각은 기술과 공구를 적재적소에 사용하여야 명품이 나온다. 자르는 톱, 깎아내는 칼, 홈을 파는 끌, 길을 내는 조각도, 구멍을 뚫는 도래송곳, 매끄럽게 윤기를 내는 사포, 미세한 먼지를 털어내는 솔 등, 여기에 장인의 정성과 노력이 가미되어야 명품이 나온다. 장인의 예리한 눈빛, 섬세한 손놀림, 타고난 인간미에 수십 수백 년 내려온 노하우가 종합하여 일품을 만든다. 여기까지야 인간이 할 수 있는 노력이지만, 진짜 명품은 신의 섭리가 있어야 가능하다. 도자기의 명인이 최선을 다한 작품도 가마에서 구워낼 때까지는 장담을 못한다. 가마의 온도와 주변의 기후와 습도, 풍향까지 체크를 하여도 절대자의 초능력은 필수조건이다. 인생사 모두가 지성이면 감천이라! 인간의 노력이 있어야 하늘도 감동한다는 진리는 수필을 조각하는 작가에게도 마찬가지다. 그래서 수필은 노력에 플러스

신의 가호이다.

수필은 첫째로 재미다. 수필은 위트로 색칠하고, 골계미로 맛을 내고, 해학으로 다듬어야 재미가 있다.

수필은 둘째로 잔상이다. 재미로만 넘어가면 우스갯소리와 다를 게 무엇인가? 수필은 뒤돌아간 독자를 다시 되돌아오게 해야 한다. 뉘앙스를 풍기어 시선을 사로잡고, 패러독스로 마음을 붙잡아 달아나지 못하게 해야 한다.

수필은 대목장, 소목장의 합동작품이다. 큰 스케일에 작은 섬세함이 종합된 작품이다. 나는 오늘도 수필을 조각하기 위하여 먼지 자욱한 작업장에서 마스크를 끼고 광을 내기 위하여 온몸이 쑤시도록 사포질을 하고 있다. 독자들의 까다로운 눈을 거스르지 않도록 미세한 구멍, 분진 같은 흠, 모래알만 한 티에도 신경을 쓴다. 그래서 수필은 땀의 결실이요, 가슴의 응어리요, 머리의 고뇌이다.

고뇌와 공효

지난해 초가을 원고청탁을 받았다. 그것도 한국문인을 대변하는 한국문인협회에서다. 설레는 마음으로 부랴부랴 편지를 읽어 보았다. 무엇을 쓸 것인지 고민이 되었다. 연말에 맞는 글이라면 성탄과 관련이 있어야 할 것 같아 「샬롬의 기도」라는 제목으로 글을 쓰고 보니 너무나 길고 종교성이 강한 것 같아서 마음에 들지 않았다. 그때 갑자기 떠오른 생각이 신년에 희망을 주는 주제로 글을 쓰는 것이다. 그래서 전화에 관한 이야기로 「휴대폰의 매력」이란 제목의 글을 써 보았지만 이것 또한 너무나 길고 잡다한 이야기가 되었다. 그러다 해를 넘기니 춘삼월이 되었다. 글이란 고독 속에서 이루어지는 고단한 작업이다.

한국문인협회 회원으로 활동한 지 어언 10년! 지난날을 뒤돌아보니 한 번도 수준 있는 작품을 발표하지 못하여 지인들의 아쉬움을 사게 되었다. 그러고 보니 글쓰기는 작가뿐 아니라 많은 주변 사람들에게 피곤함을 주는 작업이기도 하다. 이렇게 고약한 글을 너도나도 써야 한다고 말들을 하니 이것 또한 무슨 아이러니인가?

지난해 말 『월간문학』 수필 부문 신인상 수상작 서평을 읽어보니 수필은 철학이 담긴 글로 남의 삶에 도움이 되어야 한다는 것이다. 독자에게 무엇인가 도움을 주는 글을 써야 한다면, 진선미 지정의를 갖추어야 한다. 바르고 아름다운 글을 써야 한다는 상념들은 나를 더욱 고단하게 한다. 거듭되는 고뇌 속에도 글이 써지질 않을 때 오는 중압감은 전율이 되어 흐른다. 글 쓰는 고투보다 더 큰 고역은 퇴짜를 맞지 않을까 하는 염려이다.

퇴짜 하니 생각나는 글이 있다. 글 쓰는 사람이라면 필수인 퇴고이다. 퇴고의 내력을 보면 당나라의 젊은 시인 가도가 과거를 보려고 말을 타고 서울로 올라가는데 시 한 수가 떠올랐다.

한거인병소(閑居隣竝少 : 한적하게 사노라면 찾는 이웃 드물고)
초경입황원(草徑入荒園 : 풀밭 사이 오솔길 입구는 황량한 들판이네.)
조숙지변수(鳥宿池邊樹 : 저녁이 되자 새는 연못가 나뭇가지 위에 잠들고)
승퇴월하문(僧推月下門 : 스님은 달빛 아래 닫힌 문을 밀고 있네.)

가도가 여기까지 쓰고서 다시 생각해 보니, 달빛 아래 닫힌 문을 '밀고 있네(推)'보다는 '두드리고 있네(敲)'로 하는 것이 어떨까 하고 골똘히 생각하게 되었다. 그 사이 말은 제 마음대로 가다가 공교롭게도 당대에 유명한 문장가 한퇴지의 부임행차와 부딪치고 말았다. 그러자 병졸들이 "웬 놈이 이런 무례한 버릇을 하느냐?"하고 가도를 끌어내려 경조윤 한퇴지 앞에 엎드려 놓았다. 한퇴지는 그가 미처 피하지 못한 사유를 알고는 노여운 기색도 없이 파안대소하고 잠깐 생각에 잠기더니, "그것은 민다는 퇴(推)보다는 두드린다는 고(敲)가 낫겠소." 하였다. 가도는 우연찮게 당대의 명문장가 한유를 만나 시(詩) 토론을 하며 목적지까지 가게 되었다.

문학은 이래서 좋은 것이다. 세상에 이런 멋들어진 광경을 어디에서 보겠는가? 이보다 더 아름다운 모습이 어디에 있겠는가?

참 아름다움은 그 배경이 결정한다. 배경과 하나 될 때, 어울릴 때, 조화를 이룰 때 더 큰 아름다움을 발하는 것이다. 꽃의 아름다움은 꽃병에 꽂혀 있을 때보다는 야생화로 자연과 어우러질 때이다.

사람의 멋들어짐도 독불장군으로 있을 때보다는 사회적 명성과 직위와 학식과 인품이 있는 인사들과 함께할 때이다.

지지난해 한국문학 100주년 기념행사가 춘향고을 남원에서 개최되어 참석하였다. 남원에는 문화예술의 고장답게 우수작품이 많다. 명산 지리산의 정기를 받아 출중한 인물도 많다. 그래서 동편제의 명창이 대를 이어가는 곳이기도 하다. 문학 작품으로는 사랑을 노래한 『춘향전』, 해학을 노래한 『가루지기』, 삶을 노래한 『흥부전』이 그것이다. 예전에는 한문소설 『만복사저포기』가 있었고, 최근에는 『혼불』의 고장으로 알려져 있다. 이렇게 지붕 없는 박물관인 남원에서 열린 행사에 전국에서 많은 문인들이 참석하였다. 1박 2일의 행사에서 저명한 문인들과 담소할 기회를 가졌다. 한국문협 김년균 회장, 고려인 3세로 러시아의 대표작가인 아나톨리 김 등을 만난 것은 아름다운 추억이다.

우리는 문학을 통하여 세계적인 문호를 만날 수 있기에 주변에 유명인사가 없다고 실망하지 않는다. 문학으로 만나는 인물은 영원히 우리와 함께 있을 것이다. 문학의 고뇌에서 해방되는 순간 공효功效의 참맛을 느낄 때 아름다운 삶으로 승화되는 것이 아닐까?

시계와 거울

손목시계를 차지 않고 다닌 지가 꽤 오래된다. 손목시계를 처음 차본 것은 군에 입대하고 1년이 지난 때이다. 태엽을 감아야 작동이 되던 시대라서, 자동으로 태엽이 감기는 시계는 조금 고급이었다. 서울 명동에 가서 이런저런 시계를 구경하던 중 "차고만 다니면 시계에 밥을 안 주어도 된다."는 주인의 말에 사고 말았다.

처음에는 시계를 손목에 차는 것도 서툴고, 새 시계라 아까운 생각이 들어 주머니에 넣고 다녔다. 나를 아껴 주시던 상급자가 아침 점호가 끝나면 옆으로 다가와 시계를 찼는지 확인을 하는 것이었다. 그 선배는 군 입대 전부터 시계를 차고 있어 숙달이 되어 있었다.

그 시계는 군복무를 마치고 취업 후에 두세 번 분해소지를 해서 사용하다가 못쓰게 되어 폐기처분하였다. 그 뒤에 이런저런 시계를 차고 다녔으나 전처럼 시계에 대한 애착이 없었다.

1970년대 수은 전지를 넣는 전자시계가 나오면서 시계 가격은 저렴해졌고, 시계 선물도 흔하여졌다. 전자시계는 회로에 전류만 흐르면 시간을 정확하게 알려 주어 편리하다. 20세기 말이 되면서 전자시계는 쉬파리 퍼

지듯 늘어 갔다.

처음에는 볼펜에 부착되기 시작하더니, 연필꽂이, 메모지 케이스, 라이터, 만보기까지 다양한 상품에 끼어 넣었다. 그러다가 컴퓨터가 나오고 휴대폰이 나오면서 시계의 효용은 급격하게 떨어졌다.

태엽으로 움직이던 괘종시계가 사양길에 접어든 지 수십 년, 집집마다 시계가 있고, 상점마다 시계가 있고, 거리에도 시계탑이 있어 눈만 뜨면 시간을 알 수 있다. 그러다 보니 시계가 없어서 불편했던 시절을 까마득하게 잊고 산다. 식사 시간은 말할 것도 없고, 기차를 타는 시간, 버스를 타는 시간, 학교에 갈 시간, 수업시간의 시작과 끝을 알리는 시간도 사이렌과 함께 박물관으로 자리를 옮겼다.

우리 인간사에서 시계처럼 꼭 필요한 물건이 있다면 그것은 거울이다. 아니 거울은 시계보다 더 오래전부터 사용해 왔고 더 오래 필요로 할 물건이다. 여성에게 거울처럼 꼭 필요한 물건은 없었다. 고대인에게 청동거울 선물은 가장 비싸고 값어치 있는 선물이 되었다. 유리거울이 나오기 전까지는 말이다. 고급 유리가 생산되면서 거울도 고급화 자동화가 이루어져 저렴한 가격에 살 수 있게 되었다.

오늘 이 자리에서 하고자 하는 이야기는 시계보다 더 귀하고 중요한 거울이 시계처럼 보급이 안 되고 있다는 사실이다. 거울도 집집마다, 상점마다, 공공장소에는 어디나 있다. 집들이 선물로 전에는 시계와 거울을 꼽았는데 지금은 시계도 거울도 아닌 화장지를 꼽는다. 물론 화장지는 어느 집이나 아무리 많아도 시계나 거울처럼 문화생활에 꼭 필요한 물건이기는 하다. 하지만 시계나 거울이 화장지보다 낮게 평가되는 것은 아닐 것이다.

시계는 자기 관리에 필요한 물건이고, 거울은 자기 성찰에 필요한 물건이다. 사회생활의 기본은 약속이다. 약속을 지키는 데 시계처럼 요긴한 물건이 또 있을까? 시계가 없다면 약속 시간을 정확하게 지킬 수가 없다. 시계는 인간의 신용을 창출하는 도구이다. 인간이 신뢰를 잃으면 동물보다 나을 게 없다. 인간이 한 약속은 시간으로 평가된다. 그래서 시계는 인격을 측정하는 척도이다.

인간을 아름답게 꾸미는 거울보다 더 중요한 것은 자기의 허물을 뒤돌아볼 수 있는 성찰이다. 거울은 눈으로 직접 볼 수 없었던 부분까지 세밀하게 관찰하고 시정할 수 있다. 남에게 불쾌감을 줄 수 있는 부분에서, 자기의 수치를 시정할 수 있는 부분까지 보여준다. 자기 성찰이 없는 인간은 추한 모습으로 살 수밖에 없다. 인간이 인간을 믿지 못하는 불신은 있어도 거울을 믿지 않는 바보는 없다.

거울에 비친 자기 모습을 그대로 받아들이기 싫은 상황을 잘 기록한 것이 『일곱 난장이와 잠자는 공주』이다. 마녀는 거울에 비친 자기의 얼굴을 그대로 받아들이지 않고 거울만 탓하여 공주를 잠들게 하는 것이다. 요즘 세상에도 거울을 믿지 않는 마녀 같은 사람들이 늘어가고 있다. 그래서 우리는 거울을 여기저기 세워 두어야 할 것 같다. 화장실뿐 아니라 시내버스 승강장에도, 회사 입구나 아파트 출입문에도, 외딴 휴게소에도 거울이 있어야 한다. 그보다 더 필요한 것은 자기를 성찰하는 마음의 거울이다.

팔 게 있어 행복하다

정년퇴직하고 꼭 한 달 열흘 내가 직접 쓴 책『이승만 시대에서 노무현 시대까지』를 팔러 갔다. 한나라당 경선장인 전주화산체육관 출입구에 아들과 아내와 셋이서 자리를 잡았다. 아침을 일찍 먹고 집을 나섰다. 음향을 담당한 차량만 자리를 잡고 출입구에는 진행 요원 십여 명이 왔다갔다 하고 있었다. 음식을 팔려고 온 아주머니 차량 옆에 주차를 하고 나도 입간판과 대형 파라솔을 꺼내 세웠다. 책을 쌓아 놓고 집에서 싸가지고 온 찰밥에 김과 단무지를 아들과 교대로 먹었다. 13;00가 넘어서야 초청인들이 들어오기 시작했다.

이따금씩 지나가며 공짜로 주는 줄 알고 "가져가도 되느냐?"하고 묻는다. 그들 중에 갈 때 사겠다며 "언제 가느냐?"라고 묻는 사람 있어 희망을 가져 본다. 이렇게 많은 사람이 오고가는데 아는 사람이 하나도 없다고 아내는 푸념 아닌 넋두리를 한다. 그런데 우리 바로 앞에 전경중대가 자리를 잡고 있다. 물론 중대장을 아는데 아는 체하기가 그렇다. 책을 사라고 강요하는 것 같아서이다.

그런데 낯모르는 사람이 찾아와서 깍듯이 인사를 한다. 지방청 정보과에 근무하는 직원이다. 업무 차 나왔다가 “이름이 비슷하여 보니 과장님이네요.”라고 한다. 나는 너무 반가워 책 한 권을 사인하여 선물로 주었다. 그리고 몇 사람이 더 지나가는데 지방청 홍보관실 임정택 주임이 온다. 기자들의 취재에 따라 왔다고 한다. 그렇지 않아도 홍보실에 찾아가 책을 주려 했다며 사인한 책을 선물로 주었다. 날씨도 무덥고 짜증도 나는 날이지만 아들에게 경험을 심어주기 위해서 견디고 있었다. 무더위도 식힐 겸 빙상경기장에 들어갔다 왔더니 임정택 주임이 책값을 주고 갔다고 한다. 내가 있었으면 돈을 받지 않을까 보아 내가 없을 때 왔나 보다. 다음날 나는 고맙고 미안하다는 전화를 하였더니 “날도 뜨거운데 너무 고생하여 그냥 올 수가 없었다.”라고 한다. 그렇게 측은하게 보였을까 생각하니 옛날 어머니와 시장에 갔던 생각이 떠오른다.

먹을 게 별로 없던 시절에는 아무 것이나 갖다 팔았다. 김치도 팔고, 된장도 팔고, 다 떨어진 고무신도 팔았다. 여름철 삼복더위는 숨을 콱콱 막히게 한다. 어머니와 나는 고구마 밭에 나가면 열기가 수증기처럼 올라왔다. 고구마 넝쿨을 들추어 잡고 잎자루를 하나씩 따 모은다. 붉은 줄기는 젓가락처럼 길고 끝에는 초록 잎이 삼각형으로 달려 있다. 점심때쯤 집으로 이고지고 온다. 어머니는 수제비를 끓이고 나는 무게를 줄이기 위하여 고구마의 잎을 칼로 반만 자른다. ―다 떼어 내면 길이가 작아 보인다. ―점심을 먹고 어머니는 고구마 줄기를 한 다발씩 지푸라기로 묶는다. 그 무거운 고구마 순을 광주리에 담아 머리에 이고 4㎞가 넘는 시장에 나가 팔고 저녁 늦게 호떡을 사 가지고 오신다. 날이 어둑한데도 어머니는 피곤함도 잊고 아들에게 호떡을 사주어 먹게 하는 재미가 컸던가 보다. 내가 보기에는 너무나 고생하시는 어머니라 밭에 고구마 순 뜯을 곳이 없어 다행이라 생각하였다.

그래서 나는 어머니에게 "이제 고구마 순 뜯을 것이 없어 다행이네요." 라고 했다. 그러나 어머니는 별로 달갑지 않게 "팔 게 더 있으면 좋겠다." 하신다. 생활비가 부족하던 시절에 돈이 될 게 있다는 것은 무척 행복한 것이다. 아무리 힘이 들어도 돈을 주머니에 넣고 집에 오는 재미는 아무도 모를 일이다.

나는 금년에 퇴직하며 자서전을 펴냈다. 그동안 고마운 분들에게 선물하고 나머지는 출판비에 보태려고 판매하기로 했다. 서점에 배포하기에는 너무나 물량이 부족하여 내가 직접 팔기로 하였다. 먼저 한나라당 경선에 맞추어 입간판을 써가지고 가려고 한다는 이야기를 했더니 친구는 탐탁지 않게 여기는 눈치다. 책을 그냥 주어도 되지만 읽지 않는다면 그것도 낭비인 것이다. 그래서 나는 한 마디 하였다. "한 권은 팔리겠지!" 그런데 오늘 10권이나 팔렸다. 정말 희망적이다. 이번 기회에 책을 직접 팔아서 노하우가 생기면 다음에 몇 권의 책을 더 발간하여 직접 팔려고 한다. 오늘처럼 무더위와 싸우며 책을 파니 '팔 게 있어 행복하다.'라는 어머님 말씀이 더욱 마음에 와 닿는다.

인생 단편

• 인생 5분 전

월남 파병으로 대한 남아들의 가슴을 울쩍하게 하던 시절, 나는 해군에 자원 입대하였다. 해군 훈련소에서 제일 먼저 느낀 것은 5분 전이다. 스피커에서 새소리처럼 '휘-익'하고 뒤이어 "과업정열 15분 전"이 2회 반복된다. 그리고 10분 뒤에는 "휘-익! 과업정열 5분 전, 과업정열 5분 전"한다.

식사 시간 5분 전은 즐거운 일이지만, 훈련 시간 5분 전은 왕짜증이 난다. 15분 전에 훈련을 준비하고 5분 전에는 현장을 떠나 교육장소로 자리를 옮겨야 한다. 5분 전이 훈련소에서는 다음 일을 하기 위한 준비단계였는데, 요즈음은 하던 일을 마무리하는 단계라는 생각이 든다.

우리는 죽을지 살지 모르고 앞만 보고 달려간다. 불확실한 미래만 보고 가다 보니 확실한 현재를 소홀하게 한다. 따지고 보면 우리에게 미래보다는 현재가 훨씬 중요하다. 그래서 5분 전은 현재 내가 하고 있는 일을 잘 정리하라는 경고인 것이다.

우리가 오늘 여기에 있게 된 것은 과거 선조들의 영향에 의하여 만들어지는 것이다. 그렇다면 오늘 우리의 행동은 다음 세대의 단초가 되는 것이다. 오늘 우리가 힘든 생활을 하는 것은 부모가 마무리를 하지 않았거나, 조상들이 정리해 두지 않은 일들이 많았기 때문이다. 오늘이 마무리되지 아니하면 내일을 향하여 나가는 데 걸림돌이 된다.

식당에 들어갔을 때 방이 어질러진 것은 앞에 사용한 사람이 마무리를 하지 않았기 때문이다. 우리의 환경이 잘못된 것은 그렇다 치더라도 내가 책임질 문제는 내가 마무리를 지어야 한다.

우리는 하루에도 몇 번씩 5분 전을 살고 있다. 출근 시간 5분 전, 업무 시간 5분 전, 퇴근 시간 5분 전, 집 도착 시간 5분 전, 취침 시간 5분 전 등이 그것이다. 그러면 우리는 5분 전을 생각하고 생활한 적이 있었던가? 거의 없다.

우리의 5분 전에서 가장 중요한 시간은 인생 마감 5분 전이다. 아니 이 세상의 마지막 5분 전이다. 어떤 사람들은 이 시대를 종말 5분 전이 지났다고도 한다. 그러나 5분 전이 지났다고 인정하는 사람은 별로 없다. 하물며 종말 5분 전을 행동으로 옮기려는 사람은 더더욱 없다.

5분 전 인생을 사는 사람은 아름답다. 떠난 자리가 아름다운 사람은 뒷감당을 잘하는 사람이다. 대개 사람들은 5분 전 인생보다는 5분 후의 인생에 가슴 부풀어 산다.

5분 전의 가치를 모르는 사람은 축구 경기에서 상대방 골문 앞까지 잘 몰고 가서 공중 볼을 차는 사람이다. 즉 문전 처리 미숙이다.

무슨 일이든 목표를 설정하고 마무리하는 일은 매우 중요하다. 더구나 인류의 종말 5분 전을 대비하는 일은 우리의 사명이다. 임종을 앞둔 사람에게 미움이나 갈등이 있을 수 없다. 오직 자녀들에게 베풀지 못한 사랑의 아쉬움에 눈을 감지 못할 것이다. 인생을 마무리 짓지 못하는 아쉬움으로 마음 한구석이 허전할 것이다. 세상을 사는 동안 인정을 베풀지 못하고, 욕심을 부리고, 객기를 부리고, 용서하지 못한 일이 부끄러울 것이다.

인생의 5분 전에는 무엇을 남기고 갈 것인지 돌아볼 때이다. 재산을 남기고 갈 것인지, 토지를 남기고 갈 것인지, 경서를 남기고 갈 것인지 생각할 때이다. 옛 성인의 말에 "황금이 가득 든 상자보다는 경서를 한 권 남기는 것이 가장 좋은 유산이다."라 했다. 우리 가문의 자랑은 조상들의 덕행을 본받는 일이다. 완전한 교육은 조상의 덕행을 가르치는 일이고, 올바른 교육의 목표는 최상의 유산이다.

인생의 5분 전에는 무엇을 버리고 갈 것인지 돌아볼 때이다. 쓰레기와 오물을 버리고, 미움과 원한을 버리고, 욕심과 탐욕을 버리고, 가식과 거짓의 옷을 버리고 마지막엔 육체의 옷을 버리고 가야 한다. 버려야 할 것을 버릴 때 인생은 아름다운 것이다.

또 인생의 5분 전에는 자기의 묘비명을 준비할 때이다. 자기의 묘비명을 쓰고 가는 사람은 인생을 헛되게 살지 않는다. 죽은 자에게 묘비명은 그의 인생의 거울이다. 인간은 죽을 때 완전히 다시 태어나는 것이다. 죽음을 대비하는 인생은 가장 가치 있는 삶을 살고 있다는 증거이다. 죽음을 생각하는 자체가 살아 있다는 것이다. 사람이 어떻게 죽는가의 물음은 사람이 어떻게 사는가의 물음이다. 개구리가 주저앉는다는 것은 더 멀리 뛰기 위한 준비인 것처럼 말이다.

• 오복치五福齒

아침 식사 중 갑자기 눈물이 쑥 빠진다. 왼쪽 위 송곳니 다음 어금니가 시큰하더니 밥맛이 다 떨어진다. 벌써 며칠 째가 되었다. 열무김치 줄기가 씹히지 않는다. 오래 씹으면 씹을수록 크기는 작아지지만 낚싯줄처럼 질긴 섬유질이 난사亂絲가 되어 풀리지 않는다. 결국은 이빨이 아파서 더 이상 씹는 것을 포기하고 식탁 위에 내놓기가 미안해서 싱크대 배수구에 뱉어냈다.

밥맛은 예전대로인데 이빨 때문에 식사 시간만 되면 걱정이 된다. 고기도 아니고 단지 무 줄기인데 씹지 못한다면 이빨에 문제가 생긴 것이다. 어금니가 아파서 송곳니로 대체해서 씹으려니 더더욱 여의치 않다. 섬유질이 자꾸 미끄러져 안타까움만 더하여 간다.

오늘은 송곳니 바로 옆에 있는 어금니가 아파서 왼쪽에서 오른쪽 어금니로 옮겨 씹었다. 오른쪽 두 번째 어금니가 금으로 쌌기 때문에 잘 사용하지 않는데, 오늘처럼 비상사태가 발생하면 어쩔 수 없이 금으로 싼 어금니를 사용할 수밖에 없다.

나의 어금니는 초등학교 다니기 전부터 충치에 시달리고 있었다. 충치로 당한 괴로움은 누구나 경험하였을 것이다. 충치로 인한 고통은 온 신경이 이빨에만 있는 것같이 전신이 아프고 괴롭다. 6~7세 정도에 충치 때문에 온 집안이 발칵 뒤집혔던 적이 있다. 여름철 잠들기 전 무더위를 피하여 마당에 멍석을 깔고 밤하늘의 별을 세고 있었다. 마당 한쪽에는 모깃불을 놓고 있었다. 잠이 비몽사몽으로 들 때에 충치의 통증이 시작되었다. 칭얼칭얼 대다가 화가 머리끝까지 치밀어 화풀이로 모깃불을 다 휘저었던 기억이 엊그제 같다. 그렇게 엄청난 응석도 할머니가 계셨기에 가능한 일이었다. 아버지의 회초리가 대번에 날아왔지만 할머니는 "어린것이 얼마나 아프면 그렇겠느냐!"며 내 편을 들어 주시었다. 그보다 더 큰일은 그다음 날이었다. 아버지의 하얀 고무신 한 짝이 모깃불에 타버린 것이다. 그래도 할머님의 보호 아래 넘어갔다.

그렇게 엄청난 일을 당하고도 충치를 태평무사로 사용하여 왔다. 이를 갈고 나서도 또 충치에 시달렸다. 군 입대를 앞둔 신체검사에서 충치 치료를 권했지만 한 귀로 듣고 흘려보냈다. 그러다가 직장에 들어가고 몇 년 뒤 충치가 신경까지 접근하니 견디기 어려워 평생 처음 치과병원에 갔다.

병원에 갈 때까지는 너무나 아파서 뽑아 버리고 싶었다. 그런데 병원 의사 선생님이 잘 치료하면 10년은 거뜬히 쓸 수가 있다는 말에 파인 곳을 때웠다. 그때 생각으로 10년이면 매우 긴 시간으로 생각되었으나 지금까지 40년이 넘게 사용하였으니 치과 선생님의 고마움이이야 어찌 다 말할 수 있으랴!

요즈음 병원에 가면 무조건 뽑아 버리고 임플란트로 교체하라는 의사들이 많은데 격세지감이 느껴진다. 일전에 치과 개원의와 네트워크 의원 간의 폭로전을 보면서 '오복의 치에 위기가 왔구나!'하고 생각하였다. 치료하면 되는 이를 뽑아내고 그 자리에 비싼 임플란트를 하는데, 의사 대신 치위생사가 시술을 한다고 한다. 값비싼 치료비, 불필요한 시술, 시늉만 내는 스케일링, 다른 사람 금니재활용 기사를 보면서 치의 중요성이 새삼 부각되었다.

이렇게 중요한 이빨로 삼겹살에 박힌 물렁뼈를 씹어 먹다가 갑자기 이빨이 시큰거려 음식을 씹을 수가 없었다. 오도독 씹는 맛에 이빨이 망가지는 줄도 몰랐던 것이다. 거울에 비춰보니 이빨에 신경이 나와서 음식물이 닿으면 보통 아픈 것이 아니었다.

그다음 날 동생이 운영하는 치과병원에 갔더니 출장 중이라서 다른 병원으로 갔다. 병원장은 무상으로 신경치료를 하여 주었다. 그리고 임시로 떨어진 이를 때워 주었다. 그다음 날 동생 병원에서 신경치료와 이를 잣알만 하게 작게 갈아서 그 위에 금으로 씌웠던 것이다. 그 이는 잘 사용하지 않았었는데, 이제 비상사태라 사용하지 않을 수 없다.

이따금 무 줄기처럼 질긴 음식물과 맞닿으면 신경이 날카로워진다. 오래전부터 소금으로 양치질을 하면서 잇몸 관리에 신경을 쓰고 있지만 이제는 대책이 없다.

병원 가기도 그렇다. "아픈 이 뽑아버리고 임플란트 하시요."하면 어쩌나 지레 걱정이 되었기 때문이다.

그러나저러나 밥은 먹어야 되는데, 연한 상추쌈이나 먹고, 삶은 시래깃국이나 먹고, 잘 다져진 불고기나 먹고, 이러다 보니 음식 맛을 제대로 느끼지 못하고 있다. 이제야 식도락이 무엇인지 알 것 같다.

50여 년 전 중학교 국어 시간에 선생님이 오복에 대하여 가르쳐 주셨다. 이가 오복에 들어간다는 말에 모두가 코웃음 쳤다. "아무려면 이가 오복일까?" 선생님도 시원한 답변을 하지 않았다. 다만 옛 성현들이 정한 것이니 "오복五福의 치齒"라 하자 했다. 이가 오복 중의 하나라는 뜻이다.

요즈음 같으면 미인을 알아주는 시대라서 백옥같이 하얀 이가 질서 정연하게 반짝인다면 복에 넣어도 되겠지만, 50년 전에는 치약도 없어서 볏짚 촐갱이를 검지에 감아 양치하던 시절에 누런 이, 썩어 문드러진 이, 멍든 이, 뻐드렁니 등 그러니까 무허가 건물처럼 제 맘대로 나 있는 게 이였다. 그러니 오복은 고사하고 10복 축에도 못 들 거라고 생각했다.

그런데 회갑을 지나보니 치아의 복이 얼마나 중요한지 느껴지는 것이다. 회갑이 넘으니 온몸 곳곳이 아프더니 그 단단하던 이까지 노쇠하여 단단한 음식물을 씹을 수 없게 닳아 있었다. 인생의 노쇠함은 "겉은 백발이요, 속은 탈치脫齒로구나."하는 생각이 절로 든다.

오래전 틀니로 사시는 어머님께서 "내 이빨로 음식을 먹어야 음식이 맛있지. 남의 이빨은 음식 맛을 모르고 먹는다." 하실 때에는 이해가 안 되었었다. 그런데 지금은 다 닳아빠진 이라도 내 것이라면 그것도 복이라는 생각이 든다. 나이가 더 들어서 내 이가 없다면 이 얼마나 불행인가? 인간의 건강은 치아부터 시작된다는 말이 실감난다.

현실적으로 씹히지 않는 섬유질을 그냥 삼킬 수밖에 없다. 이중에 어금니가 왜 가장 나중에 나나 했더니 그만한 이유가 있었다. 어금니를 가장 많이 사용하니 가장 먼저 닳아 없어지는 것이다. 그러고 보니 우리 몸에서 평생 동안 가장 고생하는 공로자는 어금니 같다. 어금니의 고생으로 우리는 식사의 즐거움도 느끼고 건강도 보장된다. 그러니 5복의 하나로 이를 넣지 않을 수 있겠는가? 장수에, 부자에, 부모에, 자식에, 치아를 넣어서 5복이라 칭한다면, 이를 특별히 '오복 치'라고 이름 지어 본다.

• 비듬과 무좀

남자들에게 평생을 함께하는 반갑지 않은 친구가 둘 있다. 하나는 머리에 이고 사는 비듬이요, 다른 하나는 발바닥에 달라붙은 무좀이다. 따지고 보면 두 친구가 몸 전체를 포위하고 있다고 해도 과언이 아니다.

나의 경우 비듬의 시작은 고등학교 사춘기 때에 있었던 것 같다. 어쩌면 그보다 더 빨리 친구가 되었을 수도 있다. 중학교 친구도 비듬 때문에 스타일 구긴 적이 있기 때문이다. 검정 교복을 입고 다닐 때에는 이따금 비듬이 어깨 위에 하얗게 내려앉아 단벌신사의 체면이 말이 아니었다. 그래서 비듬약만 발명하면 떼돈을 벌 수 있다며 커서 비듬약 제조에 꿈을 가진 친구가 있었다.

특히 한창 공부할 나이에 비듬은 정신을 혼란스럽게 한다. 어려운 문제가 나와 머리가 지근지근 아픈데 가려운 비듬이 머리에서 설치면 공부도 놀이도 짜증이 난다. 그런데 이상한 것은 비듬은 언제 어디에서 전염이 되었는지 출처불명이라는 것이다.

비듬에 비하면 무좀은 원인이 분명하게 있다. 그러니까 한여름에 군대에 입대하면 지독한 훈련에다 종아리까지 올라오는 가죽 구두로 인하여 새끼발가락 사이부터 무좀이 시작된다.

어느 날 일과를 마치고 취침 점호 직전 물러터진 새끼발 사이가 1㎜쯤 찢어져 있다. 나는 아니라고 해도 옆에서 지켜보던 동료가 "무좀 맞네!" 한다.

정말 큰 실망감이란 표현할 길이 없다. 이미 내 몸에 무좀균이 침투했다면 어떤 약도 소용이 없다는 말인가? 12주 신병훈련을 마치고 실무부서에 가서도 가장 말단 졸병생활에 발을 쳐다볼 시간이 없다. 그러다 보면 노란 물집이 끊임없이 돋아나서 피부는 보기에도 흉하다. 새끼발가락에서 시작해서 엄지발가락까지 번지더니 결국은 발 전체가 무좀에 점령당하고 만다.

발에서 나는 향기롭지 못한 냄새는 지성인의 체면을 완전 빈 캔처럼 구겨 놓았다. 그래서 남의 집에 갈 때에는 신발 벗기가 겁이 난다. 그뿐인가. 냄새가 향기롭지 못하여 여친이라도 만나려면 이만저만 신경이 쓰이는 것이 아니다. 모든 것을 다 이해한다 해도 시도 때도 없이 발동하는 가려움은 정말 참기 어렵다. 체면도 없고 눈치도 없고 양보도 없는 가려움은 나도 모르는 사이에 손가락이 발가락 사이를 휘벼대고 있다.

처음에 조처럼 노랑 알갱이가 하나둘 돋아날 때에는 가소롭게 생각하였다. 무시해도 너무 무시했다. 그러니까 군복무 중 나를 지극히 사랑하는 고참 한 분이 계셨다. 부산이 고향인 임 병장은, 무좀약을 사서 바르라고 좋은 말로 하다가, 결국은 약까지 사주셨는데 바르지 않았다. 무좀을 너무 단순하게 생각한 것이다.

"무좀! 네가 내 발을 어떻게 할 거냐?"

그런데 큰일은 그분이 제대를 하고 벌어졌다. 내가 제대를 얼마 남겨놓지 아니한 시기에 발이 너무나 부어서 신발을 신을 수가 없었다. 어쩔 수 없이 의무대에 가서 먹는 약, 바르는 약을 받아서 정성들여 치료를 하였다. 그러나 완치라는 것은 없다.

병 하나에 약은 수백 종이라고 제일 먼저 한 것이 식초를 바르라는 것이다. 그러나 그것은 너무나 큰 화상을 입혔다. 누가 식초 이야기를 꺼냈는지 사람 죽일 일이 아니라면 그런 일은 큰 낭패를 가져온다.

제대하고서 집에 있을 때 어머님이 쇠비름이 무좀에 좋다는 말을 듣고 밭에서 캐 오셨다. 돌 위에 놓고 착착 찧어서 잠자리에 들기 전 비닐로 싸매고 아침에 일어나면 발바닥이 퉁퉁 불어서 하얗다. 그렇게 하면 발이 매끄러워지고 조금 나은 것 같기도 하다. 일주일이 지나도 완치는 없고 며칠이 지나면 다시 그대로다.

어느 날 책을 보니까 어떤 사람이 버드나무를 삶아서 그 물에 발을 담그면 낫는다고 했다. 내가 바닷가에 있을 때라서 버드나무 구하기가 그리 쉽지는 않았다. 어렵게 구해서 마당에 솥을 걸고 삭정이로 삶으면 노란물이 나왔다. 그물을 대야에 담아 발을 담그면 이것도 발이 부드러워지는 것은 사실이지만 완치는 안 되었다. 어떤 사람은 담배가 좋다고 담배꽁초를 주워다가 발 사이에 꽂고 있는 꼴불견도 보았다.

그래도 가려움증을 가시게 하는 것은 소금이 제일이라 발가락 사이에 소금을 넣고 비벼댔다. 그러다가 엄지손까지 무좀이 번져서 아주 귀찮게 하였다. 그런데 이걸 어쩌나 손톱까지 침투하여 외관상 도저히 두고 볼 수 없어서 약국에 갔다. 손톱이 빠지고 다시 나야 하기 때문에 최소한 3개월에서 6개월은 약을 복용해야 한단다. 그것이 문제가 아니라 위장을 해칠 수 있어서 특별히 문제가 되지 아니하면 그대로 살라는 것이다. 그러나 치료하기로 한번 마음먹으니 하루가 너무나 길다. 무좀약을 복용 하면서 유산균을 우유에 키워 매일 아침 마셨다.

3개월이 조금 넘으니 손톱이 정상으로 돌아왔다. 손톱이 정상이면 발 무좀도 사그라져야 맞지 않는가? 그런데 발에는 아무 기별이 없다. 세상 참 이해 못할 것도 다 있다. 다 같은 무좀인데 그렇게 장기간 약을 복용하고도 쾌차가 없다면 신체의 구조를 분석해 보아야 한다. 손 무좀은 습기가 적어서 그런다고 한다. 발은 언제나 습기가 있단다. 특히 발가락 사이에는 조금만 걸어도 땀이 난다. 그래서 나는 발에 땀이 나지 않았으면 하고 소원을 빈다. 젊어서는 혈기가 왕성하여 여기저기에서 땀이 나지만 나이가 들면 피부가 건조해진다고 한다. 그래서 꿈을 꾼다.

"아 내가 이제 나이가 들면 너하고 볼일이 없겠구나!"

큰 기대가 된다. 그랬는데 세월이 덧없이 흘러 이제 칠순을 바라보게 되었다. 머리카락은 희어지더니 이제는 빠져서 3할 정도 남았다. 거기에다 독한 염색약을 사용하니 가려운 비듬은 없어졌다. 발도 건조하여 무좀이 없어지려나 했더니 무좀은 그대로 있고 발뒤꿈치가 벌어지고 피부도 약해져서 자갈을 밟으면 아프다. 세상일이란 한 가지가 좋으면 다른 한 가지가 문제를 야기한다. 언제나 인생은 시소처럼 하나가 올라가면 다른 한쪽이 내려간다. 그러나 모든 것이 다 올라가도 인생만은 청춘이 좋더라. 나이가 들면 모든 것이 부족하고 모든 것에 아쉬움만 남는다. 젊은이들이여, 젊을 때가 최고의 순간이다. 모든 일을 젊을 때 실행하라. 나이

먹으면 해결되리라 기다리지 마라!

"청소년들이여, 야망을 가지라는 말을 잊지 말자. 나이가 들면 그 의미를 확실히 알리라."

• **그냥**

"왜 사느냐?"고 물으신다면 "그냥!"이라고 대답할 거다.

"그냥이 무어냐?"고 물으신다면 "그냥!"이라고 대답할 거다.

"그냥이 그냥이면 끝이 없다는 말이냐?"하면

그냥을 그냥이라고 말할 수밖에 없다는 게 그냥이다.

엄마가 밥을 먹는 아들에게 말한다. "냉장고에 있는 고기반찬을 내어 먹어라!" 아들이 말한다. "그냥 먹을래요."

아빠가 밖에 나가는 아들에게 말한다. "얘야! 밖이 추우니 털목도리를 두르고 가거라." "그냥 갈래요."라고 말한다.

그냥은 이렇게 그냥 사용한다.

그냥 산다는 말은 돈도 명예도 욕심내지 않는다는 말이다. 장수도 권력도 탐하지 않는다는 말이다.

그냥은 있는 그대로, 욕심 부리지 않고, 남에게 피해 주지 않고, 물결치는 대로, 바람 부는 대로, 부평초처럼 시류에 따라 간다는 말이다.

추우면 추운 대로, 더우면 더운 대로, 있으면 있는 대로, 없으면 없는 대로, 모르면 모르는 대로, 알면 아는 대로, 서면 선 대로, 누우면 누운 대로, 앉으면 앉은 대로, 싫으면 싫은 대로, 좋으면 좋은 대로, 그저 그렇게 산다는 말이다.

"요즈음 퇴직하고 어떻게 지내느냐?"고 묻는 사람이 참 많다.

"퇴직하면 할 일이 없어서 스트레스를 많이 받는다는데 어떻게 해결합니까?"라고 묻기도 한다. "퇴직하면 여행도 다니고, 등산도 다니고, 그 동안 하지 못한 일을 많이많이 하시오!"라고 역성 들기도 한다. "퇴직하면 용돈이라도 벌 소일거리가 있어야 합니다."라며 위로하기도 한다. 그런 말을 들을 때마다 나는 그냥 웃는다.

그냥 웃는 마음속에는 그냥이 아니다. 수만 가지의 상념들이 주마등처럼 스쳐 지나가고, 엉킨 실타래처럼 머리가 복잡하다. 꿈인지 생시인지 혼미한 마음이다. 이렇게 복잡한 인생을 설명할 때도 "그냥"이면 족하다. 복잡한 세상일수록 그냥 사는 것이 편하다. 복잡한 세상은 그냥으로 쉽게 풀어야 한다. 복잡한 일을 복잡하게 풀면 더욱 복잡하여 진다. 복잡하다, 복잡하다, 인간사처럼 복잡한 사건은 없다. 그럴 때 그냥 그렇게 살아야 한다. 그냥처럼 쉽고 편한 삶은 없다. 그냥은 가식도, 꾸밈도, 성형도, 포장도, 리모델링도 없으므로 광고도 하지 않다.

우리는 사기 치는 사회에 살고 있다. 거리를 다니다 보면 "전화사기 주의하세요."라는 플래카드가 여기저기 걸려 있다. 얼굴 없는 목소리로, 만져 보지도 못한 돈이 상대방에게 건너간다. 그것도 은행까지 제 발로 걸어가서, 자기 손으로 정중하게 보내드리고 온다. 왜! 욕심 때문이다. 그렇게 하면 좋을 일이 있다는 말에 속아서다.

우리 이제! 그냥 살자. 아니 우리라는 말 자체는 그냥이 아니다. 그냥은 각자 알아서 사는 것이지, 누구의 권유나, 지원이나, 협조나, 도움이 필요한 것은 아니다. 이 시대의 우리 사회는 너무나 남에게 의지하며 살려는 의타심이 팽배하여 있다. 이 세상에 우리를 도와줄 사람은 그렇게 많지 않다. 우리가 도와주어야 할 사람이 더 많다. 그런데 도와주지 않는다고 원망과 시기와 질투와 불평과 불만으로 피해의식이 쌓여 간다. 이런 사회는 연쇄 살인 등 범죄로 시끄럽고 불안하다.

그냥 사는 것이 최선과 최고는 아닐지라도, 풍족하지는 않더라도, 여유는 없을지 몰라도, 사람으로 살아가는 데 최소한의 인격은 갖추고 살 수 있다. 자연을 덜 훼손하고, 더 나아가 남에게 피해주지 않고 사는 거다. 말하자면 자연은 나를 보호해 주고, 나는 자연을 사랑하며 사는 거다. 나는 이웃을 사랑하고 이웃은 나를 사랑하는 것이 그냥이 아닐까.

• 스쿨존은 금연구역

어제 금연 마크를 교문 기둥에 붙였다. 학교 내에서는 물론 학교 주변 50m까지 국민건강 증진법 제34조에 의거 금연구역으로 정하여 흡연 시 10만 원 이하의 벌과금을 징수하겠다는 선포이다.

나는 아침 학교 주변 순찰을 마치고 가까운 이발소에 들어갔다. 이발소 바닥을 장판으로 깔고 빗자루로 청소를 하여 깨끗하였다. 이발소 내에서 담배를 피우지 못한다고 못을 박은 것이다. 그 연유는 20년 전으로 거슬러 올라간다.

어느 날 아내가 시내버스를 타고 가는데, 옆에 타고 가는 여자 승객들이 "여자가 무슨 담배를 피우느냐?"라고 물어서 창피했다는 말을 듣고, 담배를 끊기로 결심이 섰다고 한다. 담배 피우는 남편하고 사니까 담배 피우는 것으로 오해를 받는다 생각하니 얼굴을 들 수 없었기 때문이다.

그 당시만 하여도 이발소에서는 공공연히 담배를 피웠고, 더 나아가 거울 앞에 항상 담배 갑을 개봉하여 누구라도 피울 수 있게 하였다. 세발이 끝나고 드라이어로 머리를 말리기 전에 이발사는 담배 한 가치를 뽑아 손님에게 권하는 것이 예의라고 생각했었다.

그런 시기에 이발사가 담배를 끊는다는 것은 이발소 문을 닫자는 거나 마찬가지였다. 그래서 이발소에서 금연을 하려면 손님들에게 일일이 양

해를 구해야 했다.

"손님 제가 담배를 끊는 중이거든요. 그래서 이발소 내에서는 금연입니다. 담배를 꼭 피우시려거든 밖에 나가서 피우셨으면 합니다."

그러면 대개 이발소 내에서는 담배 피우는 것을 참거나, 정말 참지 못하는 사람은 밖으로 나가서 피우고 들어왔다. 그렇다고 모든 사람이 다 똑같을 것이라는 생각은 오산이다. 손님 중에는 "뭐 이런 이발소가 다 있어?"하며 화를 버럭 내며 이발소를 나가는 사람도 있었다.

그러니까 엊그제 저녁 시간에 길을 걷는데 처녀가 궐련을 꼿꼿이 입에 물고 성냥을 찾는지 주머니를 뒤적뒤적하고 있었다. 옛날 같으면 "여자가 무슨 담배를 피우느냐?" 불호령이 떨어졌을 것이다. 여자가 아니라도 어른 앞에서 젊은이가 담배를 입에 꼿꼿하게 물고 있으면 혼찌검이 났었다.

세상이 많이 변하여 귀에 피도 안 마른, 그러니까 담배를 피우면 뼈가 삭아서 크지 않는다고 주의를 받아야 할 여자 중학생이 담배를 피워도 말을 못하고 있다. 지금 세상은 학생이 잘못을 저질러도 망신당할까 보아 어른들이 슬금슬금 피한다.

얼마 전에 이발소에 오던 친구를 길에서 만나, "아무개가 안 보인다." 했더니 "응 그 친구 서울에서 폐암 수술 받았는데 곧 내려온다는 소식 들었어."

20여 년 전, 그러니까 내가 담배를 끊으려 할 때이다. 그 친구가 이발소에 왔기에 "나 담배 끊었다. 너도 담배 끊어라."했더니 "살면 얼마나 산다고 담배를 끊느냐? 너나 많이 끊어라."하면서 밖으로 나가 담배를 피우고 오는 것이었다.

엊그제 그 친구가 왔기에 "담배 끊었냐?" 했더니 끊었다고 했다. 그래서

"내가 담배 끊자고 했을 때 너도 끊었으면 좋았지, 암에 걸릴지 안 걸릴지는 모를 일이지만."하니 "그러게 말이야."하며 말끝을 흐렸다.

세상에는 소를 도둑맞고서야 외양간을 고친다. 대비를 하면 소를 잃지 않을 텐데.

어제 금연 마크를 부착했는데 오늘 아침에 학교 울타리 주변을 보니까 담배꽁초 십여 개가 눈에 들어온다. 울타리 바로 아래에는 담배 갑까지 버려져 있다. 집에서 담배를 피우지 못하니까 학교 주변을 서성이며 흡연을 하고 있다. 게시대로 한다면 벌금 10만 원을 부과하여야 하는데, 모든 것을 차치하고라도 당신의 건강을 위하여 금연은 좋은 것이다. 더구나 지금 세상은 '금연이 기본'이다.

3부

에세이 행진들

은행나무

일에서 십까지

인류의 문명은 수학으로부터 시작된다는 말이 있다. 독일의 수학자 가우스는 "수학은 과학의 여왕"이라 하였다. 우리 생활에서 수학을 빼놓고는 생각할 수 없다. 경제생활 이전에 이미 인류는 수에 대한 개념이 있었다. 조개나 토끼를 잡아 오면 수가 필요하고, 농사를 짓거나 유목을 할 때에도 가축의 수를 세어야 하였기 때문이다.

이태 전(2008년) 이스라엘에서 '경비원이 수학난제를 풀었다.'라는 기사를 보고 세상 사람들이 많이 놀랐다. 그의 이름은 아브라함 트라흐트만(63세)으로 16년 전 러시아에서 이스라엘로 이민을 왔다고 한다. 그는 구舊소련의 수학자였는데 이민 후 일자리가 없어서 경비원 일을 하던 중 40년 동안 30~40대 수학자 100여 명이 풀어도 풀지 못한 수학의 난제를 1년 만에 해결하였다.

수학은 이와 같이 어려운 난제도 있지만, 우리들이 일상 쓰고 있는 일이삼사도 있다. 수학이 없었다면 컴퓨터도 발명하지 못하였을 것이다. 컴퓨터는 2진법을 쓰지만 우리들은 10진법을 사용한다. 10진법을 쓰게 된 이유는 우리의 손가락, 발가락이 10개씩 있기 때문이라는 것이 정설로 되어 있다. 중국인이 쓰는 一, 二, 三, 四는 손가락을 옆으로 표시한 것이고, 로마자 Ⅰ, Ⅱ, Ⅲ은 손가락을 위로 표시한 것이다. 이집트 숫자나 그림문자도 거의 같은 의미를 가지고 있다.

현재 전 세계적으로 1, 2, 3, 4라는 아라비아 숫자를 널리 사용하고 있다. 이 문자를 처음 발명한 나라는 인도인데, 아라비아인들이 세계에 문화를 전달하면서 함께 전파되었다. 아라비아인들은 인도에서 스페인까지 상업 활동을 하면서 동로마제국, 시리아, 그리스, 이집트까지 인도의 숫자를 전파하였다. 인도의 숫자가 전해지니 여기저기에서 개선되어 현재의 아라비아숫자가 되었다.

오늘날 아라비아숫자는 모든 사물을 표시하는 글자가 되었다. 모든 학문이 수학적 증명을 필요로 하기 때문이다. 만약 수학이 없다면 경제생활에서 물건을 사고팔고, 돈을 계산하고 가치를 계산할 수 없었을 것이다.

우주, 공간, 시간은 수학에 의해서만 증명된다. 온도도 수학으로 표시되고, 천체의 측정도 수학에 의해 이루어진다. 방정식, 황금분할, 건축 등에 수학은 필수적이다. 미술과 음악에서 색과 빛, 음의 길이도 수학으로 표준을 세운다.

고대 피타고라스학파의 사람들은 "만물의 원리는 수이며, 만물은 수를 모방한다."라고 하였다. 수학은 진실만을 지향한다. 그래서 수학만이 진리라고 생각하였다. 수학의 완전성 때문에 그리스 사람들은 수학 외에 다른 증명방법은 없다고 믿었다. 다만 불완전한 수학이 있는 것은 인간이 불완전하기 때문이라 생각하였다. 문학도 수학적인 오류가 발생하면 거짓이 된다.

우리는 원자나 우주의 문제가 아닌 일상에서 더 많은 수학을 사용한다. 틈날 때 수학퍼즐과 마방진을 풀면서 자기 만족의 측정도 수학적으로 한다. 요즈음 아이돌그룹의 이름 2AM, 2PM, f(x) 등도 수학적으로 표현한 것이다. 최근에는 상품명에도 숫자를 넣어야 판매량이 늘어난다고 한다. 이외에도 천체공학, 기상학, 전자공학 등에서도 수학이 많이 사용되기 때문에 신은 수학 편이라는 말도 있을 정도이다.

그렇다면 이러한 수학에 사용하는 숫자의 이름은 어떻게 생겨났을까? 서두에 말한 바와 같이 숫자는 사람의 손가락 모양을 본뜬 뜻글자인데, 그 이름 일이삼사는 사람의 몸에서 따온 이름이 아닐까?

아주 오래전부터 고민에 고민을 하다가 생각난 것이 있어 적어본다. 일이라는 이름을 해명하기 전에 이부터 생각해 보자. 둘을 의미하는 이는 이齒에서 나온 것이다. 이는 위와 아래 양쪽에 있다. 그래서 두 이가 된 것이다. 일은 이에서 나왔다고 본다. 일을 이에서 나왔다면 설명이 약간 부족한 것 같다. 그래서 입을 생각해보자. 입은 음식을 먹는 주둥이 구멍으로 하나가 있기 때문이다. 사실 따지고 보면 이도 입에서 시작되었다는 생각이 든다. 언어에서 명사가 가장 먼저 생겨난 것은 신체부위인데 그중에서도 입이 가장 먼저라는 생각이 든다.

다음 삼도 사부터 생각해보자. 사람은 팔과 다리 그렇게 네 개가 있다. 그것을 사지라 부른다. 그래서 네 개의 이름은 사 자가 되는 것이다. 사지가 있기에 사람이라는 명사가 나온 것이 아닐까? 삼은 사에서 나왔기 때문에 'ㅁ'자가 하나 더 붙은 자이다. 삼은 천지인을 표시하기도 한다.

다음 오는 사방에 중앙을 포함하면 오방이다. 오는 십진법에서 정중앙이다. 0이 쓰이기 전까지는 일에서 구까지 사용되었기에 중앙이 된다.

육은 사지에 머리와 꼬리를 합하면 육이 된다. 사람의 몸을 육체라 하는 것도 그런 의미이다. 칠七은 두 손을 엇갈리게 포개진 글자이다. 일곱

칠은 옻칠과 같은 의미의 이름이다. 아마 칠은 옻칠이 나온 후에 쓰인 글자 같다. 다음 팔八은 네 손가락을 펴고 두 팔을 들어올린 자이기에 이름은 당연히 팔이다. 구는 사람에게는 아홉 구멍이 있다. 구멍이란 이름이 사람의 육체에 붙여지기 이전에 이미 사람은 동굴에서 살았다. 그래서 동굴에서 따온 구멍이 사람에게 아홉 있으니, 아홉을 구라고 이름하였다. 아홉 번째 구멍은 똥이 나가는 구멍으로 똥구멍인데 약하여 똥고라고 하는 것이다. 마지막으로 십인데 십은 사람에게 열 번째 구멍이 있으니 이것은 씨가 들어가는 입이라 해서 씨 입인데, 합하여 십으로 발음하는 것이다. 맞는 말인지 근원을 찾지 못했으니 강호제현들의 지도편달을 부탁드리며 글을 맺는다.

큰 약속과 이행

누구나 약속 때문에 낭패를 당한 일이 한 번쯤은 있을 것이다. 약속은 인간에게만 주어진 특권이다. 동물에게는 미래가 있을 수 없기 때문에 약속이 없다.

약속의 사전적 의미는 "어떤 일에 대하여 어떻게 하기로 미리 정하여 놓고 서로 어기지 않을 것을 다짐함"이다. 약속은 보통 상대방이 있어야 하지만, 자기 스스로와 할 때도 있다. 자기 자신과의 약속을 맹세 또는 다짐이라고 하는데 다른 사람과의 약속보다 더 지켜지지 않는다.

일본 속담에 '계란과 약속은 깨지기 쉽다.'라고 했다. 그만큼 약속은 지키기가 어려운 것인데, 그 약속을 어기면 나도 모르게 화가 치밀어 오른다. 일의 낭패보다는 속았다는 것 때문에 자존심이 상하기 때문일 것이다.

장부일언중천금丈夫一言重千金이라는 말이 있다. 장부의 말 한 마디는 천금과 같은 가치가 있다는 뜻으로 구두로 한 약속이라도 꼭 지켜야 한다는 뜻이다. 그래서 약속을 잘 지키는 사람은 성인聖人이라 하고, 그렇지 않은 사람은 소인小人이라고 한다. 약속 번복을 잘하는 사람은 당연히 신용이 없다. 세상에 약속처럼 하기 쉽고 이행하기는 어려운 일도 별로 없다. 함부로 약속하는 사람은 실천을 전제로 하지 않는 사람이다. 반대로 약속을 신중하게 하는 사람은 실행을 먼저 생각하는 사람이다.

고담古談에 미생이라는 사람이 있다. 미생은 어떤 여인과 다리 밑에서 만나자는 약속을 하고 기다렸다. 그 사이에 소나기가 내려 큰물이 급히 밀어닥쳐왔다. 그래도 여인은 나오지 않았다. 미생은 약속을 지키려고 교각을 붙잡고 버티다가 급류에 휩쓸려 떠내려갔다. 세상 사람들은 미생을 변통이 없는 자라고 심하게 비난을 퍼부었다. 그래서 "잘못된 약속도 지켜야 하는가?"라는 문제를 남겼다.

선거 때만 되면 후보자들의 입에서 공약公約이 봇물처럼 쏟아져 나온다. 유권자들은 지도자를 뽑을 때, 그 사람의 약속만 믿고 뽑는다. 그 사람을 겪어보지 못했기 때문에 약속으로라도 판단하고 싶은 것이다. 그러나 당선만 되면 공약公約은 공약空約으로 돌변한다. 즉 일단 당선되고 보자는 심정으로 공약을 내세울 때 정말 지킬 수 있는지를 심각하게 생각하지 않는 것이다. 더구나 선거에서 떨어지면 당연히 지키지 아니해도 되기 때문이다. 그러다 보니 선심성 약속이 쏟아지는 것이다.

요즈음 대선 때 공약한 세종시 때문에 말들이 많다. 약속은 반드시 지켜야 신뢰를 얻을 수 있다는 원칙론과, 잘못된 약속은 국민의 동의를 얻어 변경할 수 있다는 논리가 불꽃 튀는 공방을 벌이고 있다. 마치 미생의 어리석음을 탓하는 것 같기도 하다. 그러나 약속 때문에 인간은 거짓말쟁이가 된다. 동물에게는 약속이 없기에 당연히 거짓말이 없다.

약속에서 약約은 기약하다, 맹서하다, 묶다, 검소하다, 간략하다, 단속하다의 뜻이고, 속束은 묶다, 약속하다의 뜻이 있다. 약자를 사용하는 낱

말은 약정, 약관, 약장, 약수, 약언, 약법, 약조, 약혼, 정약, 기약, 협약, 규약, 향약 등으로 인간의 자유의지를 구속하는 의미가 있다.

약속은 ㅑ · ㅗ 2개의 모음과 ㄱ · ㅅ 2개의 자음으로 이루어진 낱말이다. 약속에서 앞에 있는 ㄱ을 없애면 야속한 사람이 되고, 뒤에 있는 ㄱ을 없애면 약소한 사람이 된다. 두 개를 다 없애면 야소가 된다. 야소耶蘇는 어조사 야耶에 죽음에서 깨어날 소蘇이다. 십자가의 죽음에서 3일 만에 깨어난 야소는 재림을 약속하고 승천하였다고 『신약성경』에 기록되어 있다.

인류 최초의 약속은 하나님이 인간에게 일방적으로 한 언약이다. 하나님의 최초의 언약을 인류의 조상 아담은 간사한 뱀의 꼬임에 빠져 파기하였다. 약속의 파기는 곧 처벌의 대상이므로 인간은 노동과 죽음의 멍에를 지게 되었다.

『성경』은 하나님이 인간에게 약속한 기록들이 쓰여 있는 책이다. 『구약』은 예수 탄생 이전의 책으로 하나님의 일방적 구속사가, 『신약』은 예수 탄생 이후의 책으로 인간의 구원사가 기록되어 있다. 다시 말하면 『구약』은 인간 속박의 약속이, 『신약』은 인간의 자유 선택 약속이 쓰여 있다. 그래서 하나님의 큰 약속(계시)은 지금 진행 중이다.

이 시대에 인류 최대의 관심사는 “하나님의 약속(계시)이 지켜질까?” 하는 문제이다. 하나님의 약속을 믿지 않는 사람은 믿지 않는 대로, 믿는 사람은 믿는 대로 부담스럽다. 믿지 않는 사람들은 “혹시나 하나님의 약속이 이루어질까?” 하는 부담이고, 약속을 믿는 사람들은 잘못된 야소의 공약空約을 시도 때도 없이 들고 다니며 무지몽매한 사람들을 현혹시키기 때문이다. 어찌 되었거나 약속이든, 계시이든, 맹세이든 인간이 지키기에는 너무나 힘이 많이 든다.

빨간색에서 보라색까지

대낮인데 깜깜한 구름 속을 뚫고 한 줄기의 하얀빛이 최고의 속력으로 하늘에서 땅으로 내려온다. 그 뒤를 따라 굉음인 우레가 천지를 진동한다. 칠흑 같은 어둠이 걷히면 생명의 태양빛이 서서히 밀려온다. 물기 먹은 대기에 석양의 둥근 해가 반대편에 반원의 무지개를 만들어낸다. 그 아름답고 신비한 무지개를 내가 처음 알게 된 것은 우연이 아니라 아버지의 안내였다.

"상우야! 이리 나와라 무지개 떴다."

천둥번개가 무서워 방안에 숨어있던 내게 무지개는 신비감 그대로였다. 아무 생각 없이 그저 멍하니 바라만 보았다. 세상에 저런 것도 있었던가? 왜 사람들은 '무지개 떴다.' 할까? 무지개는 태양빛으로 만들어지는 것인데.

아마 오래전에는 무지개가 신비의 능력을 가지고 스스로 있는 것으로 생각했던 것 같다. 그래서 무지개는 신비의 대상이 되고도 남았다. 무지개는 많은 사람들의 숭배 대상이 되었다. 인간은 무지개가 소원을 들어줄 신쯤으로 알았다.

무지개는 아름다움의 스승이다. 무지개는 음악을 연주하는 악기이다. 무지개는 문학의 우상이다. 무지개는 예술의 근원이다. 무지개는 우주과학의 연습문제이다.

무지개의 원리를 알아보면, 태양빛이 물방울에 반사되어 만들어졌다는 사실을 프리즘을 통하여 확인할 수 있다. 우리는 실험실 무지개를 통하여 과학의 위대함도 함께 알아가지만, 성미가 급한 사람은 만들어진 무지개에 만족하지 못하고 무지개를 확인하고 싶어 앞산으로 달려간다. 그러면 무지개는 먼저 알고 한 발짝 더 멀리 달아나 버린다. 마치 신비를 숨기려는 듯.

무지개는 문학을 넘어 철학이다. 무지개를 보며 꿈을 꾸고, 무지개를 보며 우주의 근원을 추구하고, 무지개를 보며 인생을 사유하게 된다. 무지개를 보며 최상의 아름다움을 생각하게 되고, 무지개를 보며 생명에 필요한 원동력을 얻는다.

무지개는 신앙이다. 무지개는 불가능을 가능케 하는 신비의 힘이 있을 것 같다. 무지개는 당장 안 되는 일도 될 것 같은 힘이 솟는다. 무지개를 보면 이승과 저승이 일맥상통할 것 같은 믿음이 간다. 하지만 무지개는 인생처럼 빨리 사라진다. 잠깐 있다 사라지는 무지개는 더욱 신비감에 싸인다. 마치 천국에 가려는 인간의 마음을 유혹하는 LED광고판 같다. 인간의 영혼까지 송두리째 빼앗아 가려 한다.

『성경』에 보면 무지개의 근원은 하나님의 약속이라 한다. 하나님이 인간을 창조하여 놓고 보았더니, 온 세상이 죄악으로 가득 찼다. 하나님은 그때 처음으로 세상에 사람 지음을 한탄하며 “내가 창조한 사람을 내가 지면에서 쓸어버리리라.”하였다.

그 후 40주야 동안 비가 내리니 세상은 홍수로 뒤덮였다. 오직 노아의 가족만 방주에 피신하여 살게 되었다. 천지가 창조된 이후 이렇게 어마어마한 재앙이 처음이었기에, 이 엄청난 재앙이 또다시 온다면 끔찍한 일이었다. 하나님은 인간의 불안을 아시고 약속하셨다. 이후에 다시는 홍수의 재앙은 없을 것이라며 "내 그 약속의 증표로 무지개를 주리니 무지개가 있는 한 홍수의 진멸은 다시 없으리라."하였다.

하나님이 주신 무지개는 햇빛 효과 중의 일부분이다.

햇빛에는 첫째 밝음이 있다. 어두운 세상을 밝게 하여 준다. 둘째 따스함이 있다. 아무리 차가운 세상이라도 햇빛이 비치면 따뜻하게 된다. 셋째 에너지가 있다. 식물의 엽록소를 통하여 영양가 높은 물질을 만들어 낸다. 넷째 살균력이 있다. 인간이 볼 수 없는 광선으로 인간을 괴롭히는 세균으로부터 보호하여 준다. 살균력은 하나님이 주신 은총 가운데 가장 위대한 것 중의 하나이다. 다섯째 아름다움이 있다. 햇빛에는 7가지 색깔이 아니라 수천, 수만 가지의 색깔이다. 그 색깔의 아름다움 중에는 무지개가 있다. 무지개가 아름다운 것은 색깔과 모양이다. 무지개 중에서 쌍무지개는 더욱 귀하고 아름답다. 오래전부터 무지개는 귀하고 아름다움의 상징이었다. 그래서 행운을 가져온다고 믿었다. 무지개가 뜨면 행운이 오고 귀한 손님이 온다는 생각에 누구나 좋아하고 있다. 집에, 마을에, 궁궐에 무지개가 뜨면 경사의 징조라 생각하여 쾌재를 불렀다.

무지개의 아름다움을 표현하는 색色은 본래 불교의 5온蘊에서 왔다 한다. 5온은 색色온, 청聽온, 향香온, 미味온, 촉觸온이 그것이다. 오온은 인간의 감각으로 느끼는 결과를 일목요연하게 정리한 것이다. 눈과 귀와 코와 혀와 피부로 전달되는 현상을 인식하는 작용이다.

무지개의 색깔에는 아름다운 이름이 있다. 색깔의 아름다운 이름 중에는 순수 우리말이 있다. 하양, 검정, 파랑, 노랑, 빨강이 그것이다. 이것은 동서남북을 나타내는 오방색으로 오래전부터 사용했을 것으로 추측된다. 그러나 우리말 보라는 무지개에 나온다. 무지개의 빨주노초파남보에서 빨강, 노랑, 파랑, 보라가 순순 우리말이다. 우리나라에서 최초의 무지개 색깔은 4가지로 표현된 것이 아닐까?

왜 그러냐 하면 어떤 나라에서는 무지개를 한 가지 색으로 또 어떤 나라는 2가지로, 3가지로 표현을 한다는 것이다. 동양에서는 5가지로 표현되고, 언어문화가 발달한 나라일수록 무지개 색의 이름이 많아진다.

지금 무지개의 일곱 색깔은 『성경』에서 나온 것 같다. 『성경』에서는 7이란 숫자를 행운의 숫자로 친다. 7은 하늘의 숫자 3에 땅의 숫자 4를 합한 숫자이기에 완전한 숫자라 생각했다. 그러나 지금은 색깔 구분이 잘 되어 있다. 그래서 7가지 무지개를 12가지 색으로 표현하면 어떨까 생각한다. 12가지 색은 1년 12달에서 따올 수도 있지만, 이스라엘 민족도 12지파를 강조하였다. 『성경』에 보면 제사장의 옷에 12보석을 달고 그 보석에 12지파의 이름을 새겼다고 한다. 그 열두 보석은 홍보석, 황옥, 녹주석, 석류옥, 남보석, 홍마노, 호박, 백마노, 자수정, 녹보석, 호마노, 벽옥이다. 보석의 이름도 색깔과 관련이 있다.

12가지 색깔은 7가지 색깔에 5가지 색을 추가하여 '빨강, ○, 주황, ○, 노랑, ○, 초록, ○, 파랑, ○, 남색, 보라'로 하면 어떨까 한다. 그러면 ○의 이름을 어떻게 지을까? 우선 색깔 이름의 명명법을 알아보면 쉽다.

색깔의 이름은 열매에서 따온, 가지색, 녹두색, 귤색, 밤색, 딸기색, 계피색, 오렌지색 등이 있고, 자연물에서 따온 땅색, 하늘색, 바다색 도 있다. 보석에서 따온 금색, 은색, 고동색, 호박색 등이 있고, 색깔의 재료에서 따온 코발트 등도 있다.

또 색깔은 아름다움도 있지만 온도가 있다. 따스한 색과 차가운 색에 그 중간 온도를 나타내는 색이다. 빨강, 주황, 노랑은 따스함이, 청록, 파랑, 청자는 차가움이, 연두, 초록, 보라, 자주는 중간이다.

이러한 것을 감안하여 결정한 12색 무지개 색깔은 '빨강, 쌀강 주황, 고랑, 노랑, 도랑, 초록, 카랑, 파랑, 타랑, 남색, 보라'로 하면 어떨까 한다. 쌀강은 빨강 다음 색이니, 고랑은 노랑의 앞에 있으며, 도랑은 노랑의 뒤에 나오니 붙여진 이름이다. 카랑, 타랑도 노랑과 마찬가지로 파랑의 앞뒤에 있어서 붙여진 이름이다. 무지개의 아름다움을 색깔 이름으로 아름답게 표현하면 더 아기자기한 재미가 있지 않을까? 그것이 바로 문화의 창작이 아니겠는가?

어제 오늘 그리고 후제

어제 오늘은 우리말인데, 내일來日은 한문이다. 우리는 하기 쉬운 말로 일제 강점기 시절 우리 민족의 희망을 꺾기 위하여 신문이나 각종 서적에서 내일의 순수한 우리말을 못 쓰게 했기 때문이라고 말한다.

아무리 강압적으로 못 쓰게 하였다고 해도 우리의 의지만 있다면 못 쓸 이유도 없다. 문제는 내일의 우리말을 찾아보는 노력이 부족한 탓은 아닐까?

그래서 인터넷을 찾아보니까, 11~12세기 중국 송나라 때 손목이 편찬한 『계림유사』라는 책에 한자의 소리를 빌려 우리말을 기록하고 있는 것을 볼 수 있다고 한다.

"전일前日－기재記載, 작일昨日－흘재訖載, 금일今日－오날烏捺, 명일明日－할재轄載, 후일後日－모로母魯"

물론 여기에는 여러 가지 고려해야 할 것이 있다. 먼저 기록된 한자음이 오늘날 우리말의 소릿값과 다소 차이가 있다는 사실이다.

즉 기재記載라는 글을 오늘 날의 '기재'라는 소릿값과 같다고 단정하기는 어렵다. 또 중국 사람이 우리말을 듣고 적는 과정에서 그것을 정확한 소릿값으로 인식하기도 어려웠을 것이다.

예를 들어 영어 'fighting'을 우리말로 '파이팅, 화이팅' 등으로 듣는 사람에 따라 다르게 적을 수 있기 때문이다.

그렇지만 이러한 시간적, 공간적인 차이를 인정한다 하더라도 『계림유사』에 수록된 많은 단어들은 오늘날 우리말과 비슷하다.

한날漢捺은 하늘, 달妲은 달, 천동天動은 천둥, 기심幾心은 귀신, 일급一急은 일곱, 술몰戌沒은 스물, 순舜은 쉰(오십), 온醞은 온(백), 돌突은 돌 등등.

이런 식으로 할재轄載라고 적은 글은 내일來日의 순수 우리말이라고 추측하여 볼 수 있을 것이다. 할재轄載의 송나라 때 소릿값은 hat-tsai라고 한다. 이것으로 보아 고려 사람들은 내일을 하제(재), 올제, 후제 등의 소릿값으로 읽었을 것으로 추측할 수 있을 것이다.

또 다른 의견은 내일의 토박이말이 '날새'였다고 주장하는 사람(이영희)도 있다. 6~7세기에 꽃피운 일본의 고대 문화인 아스카(飛鳥) 문화, 아스카를 명일향明日香이라고도 쓰는데, 아스는 내일을 뜻하는 일본말이다. 그렇다면 비조飛鳥=명일향明日香이라는 등식을 우리말로 풀면 '비조'는 '날(다)+새'로 말할 수 있어, 명일明日을 '날이 새다(明)'로 풀이한다면 비조飛鳥=날새=명일明日이 되는 것이다.

어떤 학자는 상당히 앞서가는 해석을 하기도 했다. 그분의 설명에 따르면, 오늘이란 말은 아마도 올날이라는 뜻을 가지고 있을 수도 있음직 하다는 것이다. 금년을 올해라고도 하느니만큼 오늘도 올날과 통할 것도 같다는 것이다. 올이라는 우리말은 장차 올 것이라는 뜻도 가졌으나, 이르다는 뜻도 있다. 그렇기에 일찍 추수하는 벼를 올벼라고 한다. 그리고 올은 오와 통한다. 어린아이도 나이에 비하여 성장이 빠르다고 보여질 때 오되다고 하며, 밥을 지어먹는 조도 일찍 익는 것을 올조라고 하지 않고 오조라고 한다. 그와 마찬가지로 올날이 오날로, 그것이 다시 오늘로 된 것인지 모른다는 것이다. 이러한 해명은 하나의 한갓된 상상에 불과할지 모른다. 아직 학적 근거를 밝힌 것은 아니다. 그렇지만 올날이 오늘이 되었다는 생각이 맞는다면, 소망이 없는 민족에서 한 발 앞선 희망을 품고 있는 나라가 되는 것이다. 내일을 오늘로 알고 살고 있다는 것은 빨리빨리 문화가 언어에서도 나타나고 있음이 분명하기 때문이다.

이제 나의 견해를 말하려고 한다. 본래 동양의 내세관은 미흡하였다. 어떤 학자는 유교문화권에서 내세를 생각하지 아니한 것은 현세에서 크게 불편함이 없었기 때문이라고 한다. 내세에 목을 건 문화권 사람들은 현세에 너무나 많은 어려움을 당하였기에 다음 세대에는 편안한 삶을 갈급한 것이란다. 그들은 당연히 미래에 대한 강한 소망을 가지고 살았을 것이다.

어떤 어린이가 저녁을 먹고, 따뜻한 아랫목에 앉아서 어머니에게 물었다.

"어머니, 내일은 언제 오는 거지요?"

"오냐, 오늘 밤만 자고 나면 내일이란다."

다음날 아침이 되었다.

"어머니, 인제 내일인가요?"

"오냐, 오늘 밤만 자고 나면 내일이란다."

내일이란 인생에 있어서 풀 수 없는 수수께끼다. 이 이야기처럼 어쩌면 우리나라에는 내일이란 불확실한 단어를 깊이 생각하려 하지 않은 것 같다.

여기서 우리가 시간을 나타내는 단어 중 가장 먼저 생각할 수 있고,

사용하였을 것이라고 추정하는 것은 '오늘'이다. 오늘은 누구에게나 통하는 말이다. 오늘은 오늘이고, 오늘은 바로 지금이고, 오늘은 우리가 이야기하고 있는 순간이다. 그래서 오늘이라는 말이 가장 먼저 쓰이게 된 것에 대하여는 이의가 없을 것이다. 다만 왜 오늘이라는 단어가 쓰이게 되었을까? 그것을 정리하려는 것이 이 글을 쓰는 목적이다.

우리글은 홀소리 10자와 닿소리 14자로 이루어져 있다. 홀소리 ㅏ, ㅓ, ㅗ, ㅜ, ㅡ에서 ㅗ가 홀소리의 중간에 해당한다. 중간을 좋아하는 우리 민족의 특성상 오늘의 'ㅗ'를 사용한 것은 당연한 것이 아닐까? '늘'은 왜일까? 늘은 하늘에도 사용한다. 그 외에 바늘, 비늘, 마늘 등에도 사용되는 명사인데, 이들은 오늘이 있고서 쓰이게 되었다고 생각된다.

'늘'이라는 말은 항상 우리와 함께 있다는 말이다. 늘 푸른, 늘 봄, 늘 사랑처럼 언제나 항상 존재한다는 것이다. 그런 의미에서 '오늘'이라는 단어는 당연하다 할 것이다.

그러면 '어제'는 어떤 이유에서 사용하게 되었을까? ㅓ는 ㅗ의 앞에 나오는 홀소리다. 그래서 당연히 오늘의 앞에는 어제가 오는 것이 아닐까? 어제라는 말은 닿소리 오늘에서 '늘'의 다음에 ㅈ이 온다. 내일은 우제라는 말이 맞는 것 같은데, 한문으로 표시하다 보니까 후제가 된 것 같다. 후제의 후後는 뒤에 온다는 말이므로 오늘 다음에 오는 표현이라고 설명할 수도 있겠지만, 미래에는 맞는 뜻은 아닌 것 같다. 다만 닿소리에서 가장 멀리 있는 ㅎ을 불확실한 미래로 사용한 것으로 생각된다.

이제 여기에서 모든 것을 정리해 보자. 오늘은 홀소리의 정중앙에 오는 글자 '오'와 현실적인 '늘'을 사용하였지만, 어제 후제에는 불확실한 과거와 미래를 나타내려고 받침이 없는 것이다.

내일來日의 사전적 의미는 '오늘의 바로 다음날, 다가올 앞날'이라고 한다. 지금부터 내일의 우리말은 '후제'라고 사용하자.

아주 어릴 때 나는 '후제'라는 말을 많이 들어 보았다. 그때 사용한 후제는 내일이라는 확실한 의미보다는 불확실한 미래를 뜻한 것이었다. 무슨 필요한 것을 요구하면 어른들이 "후제 해 줄게." 하는 말을 많이 듣고 살았다.

기왕에 말이 나왔으니까 말인데, 어제 다음은 '그제'이고, 그다음은 '그끄제' '그'자만 더 붙이면 더 먼 과거가 된다. 그자에 '께'자를 붙이면 해를 넘긴 표현이다. '그러께'는 2년 전을 '그끄러께'는 3년 전이 된다. 다만 '제'가 '께'로 바뀌었을 뿐이다. 이 얼마나 우리말이 과학적인가.

그뿐인가? 미래를 나타내는 말도 후제 다음에는 '모레' 그다음은 '글피' 그다음은 '그글피'라고 한다. 여기에서도 '그'자만 더 붙이면 얼마든지 표현이 가능하다.

처음에도 말을 했지만 동양의 사상은 미래에 대한 표현이 많지는 않다. 지형과 생활면에서 당연한 현상으로 받아들여야 한다. 그래서 과거나 미래보다는 현재에 더욱 많은 시간과 노력을 기울였던 것이다. 모든 것은 오늘부터 시작한다. 그리고 과거, 그다음 미래에 대하여 표현한 어제와 오늘 그 얼마나 과학적인 한글인가 탄복하지 않을 수 없다.

생활단상

• 삼촌의 세뱃돈

설날에는 세배를 한다. 세배는 글자 그대로 새해에 하는 인사이다. 설날 아침 제사를 마치면, 어른들을 찾아뵙고 큰절을 올린다. 세배를 마치면 광에 준비해 둔 설음식이 나온다. 가정 형편이 넉넉한 집은 떡과 강정, 이과에 육포, 조청까지 나오지만 그렇지 못한 집은 어린애들에게 사탕 1개씩을 준다.

세배는 평소에 찾아뵙지 못한 어른들을 찾게 되므로 이웃 마을 친척집까지 다닌다. 세배 후에 나오는 음식을 먹다 보면 하루에 십여 집 다니기도 빡빡하다. 그래서 내 기억으로는 정월 대보름까지 세배를 계속 다녔다.

요즈음 세배는 어른을 찾아뵙는 고유의 뜻은 거의 사라지고, 가족끼리 세배하고 어린아이들에게 세뱃돈을 주는 것이 고작이다. 나는 조카가 18명인데, 생질甥姪을 빼고도 13명이다. 설날에는 세뱃돈을 어김없이 꼬박꼬박 주고 있다. 취학 전 아이에게는 1천 원, 초등학생은 3천 원, 중학생은 5천 원, 고등학생은 1만 원, 대학생은 2만 원을 준다.

한때는 세뱃돈 때문에 형제간에 불만도 있었다. 그러나 나의 깊은 뜻을 안다면 공감이 될 것이다. 지금까지 입도 뻥긋하지 않았던 사유를 오늘 공개하려 한다.

나는 초등학교 입학을 위하여 완주군 고산면 산중에서 익산시 신흥동으로 유학을 하였다. 우선 아버지와 나는 이사하기 전까지 외가에서 숙식을 하게 되었다. 외가에는 나보다 18개월 늦은 동생이 있었는데 함께 학교에 들어갔다. 내가 학교 가면 아버지는 외가의 농사를 지으셨다. 하얀 수염을 길게 기른 외할아버지는 50대 중반이었는데 농사일은 하지 않으시고 일꾼들을 부리기만 하셨다. 외삼촌은 익산 세무서에 다녔기 때문에 동네 사람들은 외가를 세무서 집이라 불렀다.

외할머니는 설날에 외사촌 동생이 이웃 마을에 있는 외가에 세배하러 갈 때 나도 꼭 함께 가도록 하셨다. 외사촌의 외가에는 외조부모님과 외삼촌과 숙모, 그리고 고모가 한 분 계셨다. 할머니, 할아버지께 세배를 마치면 외삼촌에게 세배를 하였다.

당시 익산역에 근무하고 있던 외삼촌은 외사촌 동생에게만 세뱃돈을 주고 나에게는 주지 않았다. 옆에서 지켜보는 어른들도 당연하게 생각 했는지 나에게 세뱃돈을 주라는 이야기는 없었다. 나는 그때마다 세뱃돈 한 번 받아 보았으면 소원이 없겠다 싶었다. 그래서 내가 크면 세배를 하는 아이들에게 세뱃돈을 꼭 챙겨 주리라 마음먹었다.

오늘 이 사연을 공개하는 이유는 아버지와 삼촌들이 모두 돌아가신 지 수년이 되었고, 내 나이 회갑이 되어 궁금증을 풀어줄 시기가 되었다고 보기 때문이다. 그러나 이런 말은 이유에 불과하고 결정적인 이야기는 지금 하려고 한다.

그러니까 금년 까치설날 이틀 전이다. 우리 설로 하면 사흘 전이다. 서울 수유동에서 김종길 군산 서장의 삼촌이 내려와서 경찰서 과장들 점심을 사 주었다. 군산 아귀탕 집에서 생태탕 한 그릇씩을 주문하였다. 서장님 삼촌이 과장에게 밥을 산다는 것은 흔한 정경은 아니다. 그것도 혼자 온 것이 아니라 세 분 함께 왔다. 식사 기도를 한 82세 되신 장로님은 서울보다 더 먼 곳에서 아침도 거르고 새벽 여섯 시에 출발했다고 했다. 그래서 생태탕을 아주 맛있게 먹었다고 하였다.

식사를 마치고 후식으로 커피와 녹차가 나왔다. 차를 마시며 서장의 삼촌(숙부)은 "경찰관의 권력은 국민의 편에서 사용하여야 퇴직 후에도 국민과 정을 나눌 수 있다."며 경험담을 이야기해 주었다. 그리고 미리 준비한 세뱃돈을 꺼내어 나누어 주었다.

자기가 받는 돈이라면 사족을 못 쓰는 사람이라도 남이 받는 돈에는 알레르기 반응을 보이는 세상이라 세뱃돈 받기가 조심스러웠다. 돈이 있어야 사는 세상이면서, 돈으로 문제가 많은 세상이라 마음이 내키지 않았다. 명절 선물도 받지 않는 우리로서는 세뱃돈도 양심을 무겁게 하였다. 일약 세뱃돈이 뇌물이 되느냐 하는 문제로 비약되었다. 뇌물은 대가성이 있어야 하는데 과연 그럴까? 조카보다 높은 사람이라면 뇌물이라 하겠고, 연세가 적다면 장래를 위한 투자라 할 수도 있겠지만, 70세가 넘고, 서울에서 시골에 있는 경찰관이 무엇이 대단하다고 세뱃돈을 주는 것일까?

갑자기 세뱃돈하면 기억하고 싶지 아니한 추억이 떠올랐다. 그때 외사촌의 외삼촌은 어째서 나에게는 세뱃돈을 주지 아니했을까? 돈이 없어서 일까? 아까워서일까? 아니면 우리 아버지가 처가에서 농사나 짓는 별 볼 일이 없는 사람이라서 그랬을까? 아니면 내가 별 볼일이 없는 사람이라서

였을까?

우리 외할아버지는 살아 계실 동안에는 나에게 일체 돈을 주지 않았다. 내게 필요한 물건은 직접 사 주었고, 심지어 학교 수업료까지 학교에 직접 와서 내고 선생님을 꼭 만나고 가셨다.

내게는 세뱃돈을 차별하여 주는 외사촌의 외삼촌, 돈이라면 수업료까지 직접 내 주는 외할아버지만 있었는데, 서장님의 삼촌은 조카의 부하에게까지 세뱃돈을 챙겨 주니 무슨 말로 감사하리오.

정성스럽게 주소와 이름을 쓴 봉투를 뜯어보니 새로 찍은 1천 원권 20장, 5천 원권 4장, 1만 원권 6장 합계 30장의 지폐가 들어 있었다. 30명에게 줄 수 있는 세뱃돈이었다. 10만 원권 새 지폐가 나왔으면 더 많이 주셨을까? 그러면 뇌물이 될지도 모르겠다. 어찌 되었든 세뱃돈을 챙겨 주는 삼촌이 있는 서장님은 너무너무 행복한 분이다. 나의 외삼촌에 비하면 말이다.

• 알면 얼마나 안다고!

취학 전 나는 할아버지의 분신이었다. 할아버지가 외출할 때는 나를 꼭 데리고 나가셨다. 특히 잔칫집에 가면 나를 무릎 위에 앉히고 음식을 드시면서 꼭 내 입에 넣어 주곤 했다. 술 또한 먹이면서 "이다음 제사상에 술을 올려야 하니까 배워야 한다."하셨다.

그런데 아버지와 작은아버지 두 분이 술로 인하여 짧은 인생을 사셨기에 나는 아예 술을 하지 않아서 제사상에 술을 올리지 못하고 있다. 아니 제사 자체를 기독교식 추도예배로 드리기 때문에 술이 없다.

그때에 나는 좀 엉뚱한 생각을 하였다. —지금 생각하면 엉뚱한 생각도 아니건만 그때는 그랬다.

할아버지의 할아버지도 나처럼 손자를 그렇게 가르쳤을까? 나는 아직 손자가 없으니 실감은 못하지만 주변의 상황을 보며 짐작건대 그랬을 것이라 생각한다. 그렇게 한 없이 올라가면 이 세상에 하나뿐인 할아버지가 나오게 된다. 그 할아버지가 인류의 조상이 되는 것은 아닐까?

이런 의문은 『성경』을 공부하면서 확실하게 되었다. 우주를 창조한 이후 하나님은 아담을 창조하시고, 아담의 갈비뼈를 이용하여 하와를 만드시고, 아담의 배필이 되게 하였다. 아담과 하와는 하나님의 규칙(일방적인 약속)을 위반하여 에덴동산에서 쫓겨나고, 그에 대한 벌칙으로 해산의 고통을 가지게 되었다. 그리고 아들 형제를 낳았을 때, 제사 문제로 가인은 아벨을 살인하게 되었다. 그다음 태어난 셋째 아이가 인류의 조상이 되어 이어가다가 대홍수 심판으로 노아의 가족 8명 외에는 모든 인류가 전멸하는 사건이 발생하였다.

하지만 지금 생각하면 『성경』이 아니라도 인류의 조상은 본래 하나였을 것이라는 생각을 틀렸다고만은 할 수 없다. 논리적으로 추적을 하다 보면 그 시간이 언제인지는 몰라도 인류의 조상은 하나였을 것이라는 추정은 틀리지 않을 것이다.

사람들은 자기의 눈으로 보고, 몸으로 느껴야만 믿으려 한다. 더욱이 논리적일 때는 객관적이어야 믿으려 한다. 그러나 인간이 온 우주를 이해한다는 것은 불가능하고, 인간이 객관화시키는 범위는 조족지혈을 넘어 모기발의 피도 뛰어넘을 것이다. 시간의 제약을 받아야 하는 인간이 역사의 시간을 어떻게 계산할 것인가?

우주의 역사를 150억 년이라고 한다. 그러나 인간의 시간이 나온 지가 불과 몇천 년, 1만 년도 채 안 되는 것이다. 1만 년도 안 되는 시간을 가지고 백억 년도 넘는 시간을 어떻게 알 수 있다는 말이며, 있다손 치더라도 현제의 사람들이 어떻게 실감할 것인가? 어차피 인간은 무한한 시간을 이해하기는 어렵다. 그저 추측할 뿐이다. 시간은 거리를, 공간은 폭을, 시공간의 통합은 면적으로 나타낸다면 이해가 갈까?

인간의 생각은 모두 사실이라는 생각이 든다. 그러므로 주관적 생각을 틀렸다고는 말할 수 없다. 우리의 150억 년 역사를 이해하지 못하면서 믿어야 하는 것처럼, 주관적인 개인의 생각도 믿어야 한다.

얼마 전 서울 지하철에서 아기 울음소리를 들었다. 소음이 심한 지하철역 대합실이었지만, 모든 사람들이 아이가 우는 곳을 쳐다보게 되었다. 그런데 그 아이는 우리나라 아이가 아니라, 외국인 부모와 함께 있는 아이였다. 그 아이를 쳐다보지 않고 울음소리로만 들었다면, 우리나라 아이로 판단하여도 틀리지 않았을 것이다.

그때 느낀 것이 "지구상의 인류의 조상은 한 사람이었겠구나!"하는 생각이 들었다. 최초의 인간은 하나였으나 시간과 장소에 따라 백인종, 흑인종, 황인종이 되었고, 또 언어가 달라져 영어, 중국어, 한국어가 되었을 것이다.

피조물인 인간에게는 꼭 부모가 있다. 그 부모는 또 부모가 있다. 부모 위에 할아버지, 증조할아버지, 고조할아버지가 있다. 고조할아버지는 고조할아버지를 낳고, 또 낳고, 그렇게 계산하면 평생해도 끝이 없을 것이다. 요즈음 컴퓨터에 사용하는 기가로 계산을 해도 끝이 없다.

하지만 그렇게 하여 거슬러 올라가면 결국은 최고의 할아버지, 오직 이 세계에 하나만 있었던 할아버지가 있을 것이다. 우리는 그 할아버지를 신이라 하면 어떨까? 우리가 그 할아버지의 DNA를 벗어날 수 있을까? 즉, 신의 통제를 벗어날 수가 있을까? 너희가 우주의 원리, 신의 섭리를 알면 얼마나 안다고 말이다.

• 무상행복

사칼라바 부족이 살고 있는 망갈리 마을의 전통의식인 할례를 보고 김병만 일행은 큰 충격을 받는다. 밖에서 들려오는 왁자지껄 소리에 잠이 깬 그들은 영문도 모른 채 밖으로 나가 어린아이부터 노인에 이르기까지 아직 해도 뜨지 않은 앞마당에 모여 춤을 추고 있었다. 하지만 항상 해맑게 웃던 아이들의 얼굴이 일그러져 있었다.

이후 남자아이들 앞에 작은 의자 하나가 놓여 있고 곳곳에서 울음소리가 터져 나왔다. 이는 사칼라바 부족에 전통으로 내려오는 남자들의 성인식 할례였다. 할례는 마다가스카르를 비롯한 아프리카 대부분의 나라에서 오늘날까지 신성시하는 필수 전통의식이다.

할례는 1년 중 보름달이 가장 크게 뜨는 좋은 날을 택하여 철저히 전통의식으로 거행하고 있다. 전통의식인 만큼 마취 없이 이루어지므로 남자아이들의 고통은 이루 말할 수 없다. 할례는 망갈리 부족의 대표적인 축제 중 첫 번째 공식 일정이기도 하다. 이날 망갈리 부족은 13명의 아이들이 할례를 통해 씩씩한 남자로 거듭났다.

할례는 『성경』에도 나오는 이야기이다. 아브라함과 하나님과의 언약의 표호로 이스라엘 남자가 난 지 8일 만에 생식기 끝의 껍질을 끊어내는 종교적 의식이다. 아브라함의 본래 이름은 아브람이었다. 그는 지금의 이라크 갈대 우르에서 살았다. 거기에서 여호와의 부름을 받고 조카 롯과 고향과 친척을 떠나 가나안으로 이동하게 된다. 아브람은 과거 확실한 것들을 끊어 버리고 불확실한 미래를 향하여 기대를 걸었다.

하나님은 자신의 목적에 맞는 사람을 찾으시되, 하나님의 뜻을 자기 인생에서 참으로 유일하며 중요하게 생각하는 아브라함을 찾았던 것이다.

아브람은 모레 땅 상수리나무에 이르러 제사를 지내게 된다. 아브람은 새 땅에 대한 자신의 권리를 주장하기가 어렵다는 것을 알고 가는 곳마다 제단을 쌓고 번제를 드림으로써 좋은 출발을 하게 된다.

제단을 쌓음으로써 아브람 족장은 여호와께 대한 자신의 충성심을 과시했으며, 장막을 침으로써 그 땅에 대한 영원한 소유권이 자신에게 있음을 모든 사람들에게 공개적으로 선언했다.

아브람은 전 생애를 통하여 하나님에 대한 강한 믿음을 보여주었다. 그는 이러한 믿음을 통하여 자신의 후손이 대대로 축복을 누리리라 확신을 가졌다. 그런데 그는 나이가 점점 들어 죽을 때가 가까워 왔고, 여전히 자식이 없어 믿음이 흔들렸다. 이런 상황에서 아브람은 하나님을 완전히 신뢰함으로써 두려움을 물리쳐야 했다. 하나님은 "아브람의 후손이 하늘의 별과 같이 바닷가의 모래와 같이 번성하리라."하였지만 후손은 없었다. 아브람과 사래는 결혼한 지 오래되었지만 그 놀라운 예언을 이루어 줄 아이가 없었다. 조급해진 사래는 애굽 여종 하갈을 남편에게 첩으로 들여 아들을 낳으니 이스마일이다. 아이를 임신한 여종 하갈은 여주인 사래를 멸시하기 시작하였고, 사래는 여종으로 인하여 격분하였다. 가정의 평화와 화목은 찾아볼 수가 없었다.

13년이 지난 후에 하나님은 아브람에게 나타나셔서 이전보다 더 풍요한 약속을 하였다. 하나님은 '큰 아버지'라는 뜻의 아브람을 '열국의 아버지' 아브라함으로, 그의 아내 사래는 '여주인' 사라로 이름을 바꾸어 주셨다. 그리고 하나님은 할례 의식을 거행하도록 특별히 명령하였다.

그 후 100세의 아브라함은 아들 이삭을 낳게 된다. 이삭의 출생은 이스마일의 추방으로 이어졌다. 그래서 아브라함은 이스라엘 민족과 아랍 민족의 조상이 되었다.

이삭의 나이 16세쯤 될 때에 아브라함에게는 다시 큰 결정을 하여야 했다. 그것은 후계를 이어야 할 이삭을 제물로 바쳐야 한다는 것이다. 아브라함은 하나님의 명령에 순종하기 위하여 모리아 산으로 가서 장작더미 위에 아들 이삭을 올려놓고 칼을 든 순간 천사가 나타나 "멈추어라." 한다. 그 옆에는 어린 양이 있어 대신 제물로 바친다.

이 사건은 후일 예수가 십자가를 진 사건과 비교가 된다. 이 두 사건들은 인류사의 제물에 대한 변천사인 것을 알 수 있다.

사람들은 남에게 주는 것은 자기에게 있는 것 중에서 제일 귀한 것을 주어야 하는 줄 스스로 알고 있다.

그래서 아주 옛날에는 자기 자식을 신에게 바쳤다. 옛이야기에 보면 사람을 해코지하는 악마에게도 숫처녀를 바쳤다. 그것도 가장 예쁜 아가씨였다. 그것도 지위가 높은 촌장의 딸을 바쳤다.

그러나 여호와는 이삭의 제물 사건을 계기로 사람 대신 어린 양을 제물로 사용하도록 하였다. 어린 양 제물 사건 뒤에 예수님은 어린 양 대신 자신이 십자가에 죽으시므로 다시는 산 제물을 바치지 못하도록 하였다.

그러나 이 두 사건 뒤에도 인간들은 귀한 물건들을 제물로 바치기를 강요하고 갈급하게 되었다. 인간은 가장 좋은 것을 바쳐야 상대방의 마음을 움직일 수 있다고 생각한 것이다. 남에게 선물을 하는 것은 감사의 뜻도 있지만, 한편에는 그의 환심을 사기 위한 것이다. 환심을 산다는 것은 그에게 더 큰 것을 바라는 마음이 있기 때문이다.

오늘 사과 하나를 받아 감사의 마음을 전할 때 두 개를 주는 것은, 네 개를 받기 위한 것이다. 다시 말해서 비둘기 한 마리를 받고 어린 양 한

마리를 선물하다는 것은, 소 한 마리를 받기 위한 의도가 있기 때문이다. 상대방의 능력이 클수록, 기대가치가 높을수록 더 크고 좋은 물질을 선물하고 싶어한다.

60년대에는 라디오를 선물했으나 70년대에는 텔레비전으로, 80년대에는 냉장고로, 90년대에는 자동차로, 2천 년대에는 현찰이 든 사과 상자로 바뀌었다.

지금 세상은 경제수단이 물질이 아니라 화폐로 전환된 시대이다. 이제 가장 귀한 선물은 물건이 아니라 현금이 되었다. 돈만 있으면 이 세상에서 가장 귀하고, 가치 있는 것을 가질 수 있는 권리가 있다. 그래서 사람들은 돈을 선물로 준다. 보통 사람들은 돈을 주면 뇌물로 생각하지만 예전에 인간들이 신에게 바치는 제물인 것이다. 제물은 그보다 더 큰 것을 기대하는 마음이다.

인간이 절대자에게 최상의 선물을 주는 것은 기대하는 만큼의 행복을 누릴 수 있기 때문이다. 인류의 조상은 신에게 제물을 바치고 나서 다음에 돌아올 대가를 생각하며 행복의 꿈속에 잠기게 되었다. 그 향수에 젖은 인간들은 오늘도 선물이란 이름으로 사람에게 제물을 바치고 꿈을 꾸게 된다. 그것이 한계를 초월하는 행복 즉, 무상행복無上幸福이다.

돈 철학

1. 서론

"왜 사느냐?"라고 물으면 "개똥철학 하느냐?"라고 되물을 것이다. "개똥철학이 아니고 돈 때문에 산다." 라고 대답하면 "미친놈!"이라고 핀잔할 것이다.

돈! 돈! 돈 세상에는 돈 말고는 보이는 것이 없다. 돈 때문에 아버지도, 아내도 죽이고, 자식도 파는 세상이 되었다. 돈이 이렇게 파렴치한 존재가 된 것은 돈으로 인한 압박감이다. 도박, 경마, 게임 등에 심취하여 빚을 지게 되면, 채권자들의 압박에 견디지 못하기도 하고, 사업을 하다가 실패하여 어려움에 처한 경우도 있으니, 결국은 건전하든 불건전하든 돈 때문에 벌어지는 사건들이다.

최근에는 보이스피싱으로 인한 피해가 급증하는 것도 돈을 쉽게 벌려는 신용사회에서 벌어지는 사건들이다. 돈을 쉽게 번다는 함정은 다단계를 저버릴 수 없다. 결국 다단계는 도박처럼 일확천금을 노리는 방법과 기업처럼 노력에 의한 수익을 적절하게 결합시킨 사업이기 때문에 사회적인 비난도 피하면서 쉽게 돈을 벌려는 심리를 교묘하게 이용한 것이다. 그래서 사람들은 돈 하면 속으로는 욕심을 부리면서도 겉으로는 "치사하다."라고 쉽게 표현한다.

이러한 돈에 대한 원고를 전북수필문학회에서 모집한다는 말을 듣고 「돈 철학」이라는 제목으로 글을 쓰게 되었다. 황금만능에 대한 우려는 21세기가 시작되기 훨씬 전부터 논의가 되었지만 현재는 대책이 없다는 결론을 내렸다. 황금만능 시대란 결국 돈 만능 시대인 것이다. 지금 시대에는 돈이면 다 통한다. 돈은 어린이부터 노인에 이르기까지 누구나 다 좋아하는 물건이다. 돈은 시공을 초월하여 사용되는 물건이다. 돈은 또 보관하기 편리하고 돈은 또 아무리 많아도 물리지 않는 물건이다. 현재의 돈은 유형인 현찰도 있지만, 신용으로 결재하는 무형의 돈이 더 많이 통용되고 있다.

2. 본론

나는 얼마 전 『돈의 철학』이라는 책을 읽었다. 지금까지 무관심하다가 여가가 있어서 책을 붙잡았다. 내가 이 책을 구입한 것은 오로지 제목을 보고 구입한 것이다. 돈에도 철학이 있나 하고 의문을 가지고 구입한 것인데, 책 장를 펴고 보니 개똥철학의 가벼운 책이 아니라 어려운 경제학을 다룬 책이었다. 저자 게오르그 짐멜은 철학, 윤리학, 사회학, 문화 비평 등 넓은 범위에 걸쳐 200여 편의 논문과 20여 권의 책을 남긴 유명한 사람이라는 것을 알았다.

"돈의 철학이 존재한다면 그것은 돈의 경제학의 양쪽에 존재할 뿐이다. 돈의 철학은 정신적 상태, 사회적 관계, 현실과 가치의 논리적 구조 속에 존재하면서, 돈에게 의미와 실제적인 위치를 부여하여 주는 전제조건들을 기술할 수 있다. 그것은 돈의 기원 문제가 아니다. 왜냐하면 돈의 기원은 역사문제이지 철학은 아니기 때문이다."라고 저자는 말한다.

짐멜이 돈이라는 주제를 택한 것은 개인적 삶과 역사에 있어서 인간 존재의 가장 외면적이고 사실적인 현상들과 가장 관념적인 잠재성들 사이에 어떻게 생생한 관계가 존재하는가를 보여주기 위해서였다. 우선 이 책은 돈과 같은 현상이 어떠한 감정적 전제조건하에서 가능하는 지를 밝혀주며, 그리고 나서 일단 나타난 돈이라는 사실이 개인의 감정, 그의 운명의 상호관계, 그리고 그의 사회적 관계의 구조는 어떻게 소급될 수 있는 가를 보여준다.

짐멜이 급속히 발전하는 완숙한 화폐경제의 영향과 마찬가지로 급속히 진행되었던 거대도시로서의 인구집중 현상의 경과를 살펴볼 수 있었던 것은 부분적으로는 그가 베를린에서 살았었다는 사실에 힘입은 것이기도 하다.

쾰러가 지적하고 있듯이 짐멜은 분명 '철학적 에세이의 대가'였으며, 우리는 이에 대해 그는 '사회학적 에세이의 대가'였다고 하는 말을 덧붙일 수 있음도 분명하다. 정통적인 경제학자이며 화폐론을 전공하였던 크납은 『돈의 철학』이 "인생이라는 융단 속을 누비고 있는 황금의 수繡"라고 극찬하였다.

골드사이트는 짐멜의 『돈의 철학』을 마르크스와 관계에서 출발하였다고 보았다.

"마르크스의 자본론과 매우 흥미 있는 상관관계를 가지고 있다. 마르크스는 자본론의 첫머리에서 이미 자신의 연구는 단 한 구절도 심리학적인 의도로 이루어지지 않았다고 밝힐 정도였다. 그리고 사실상 돈의 철학의 어떤 부분들은 마르크스의 경제학적 논의를 심리학의 언어로 옮겨놓은 것처럼 생각되기도 한다. 그러나 짐멜의 책을 그렇게만 본다면 그것은 짐멜에 대한 가학행위가 될 것이다. 마르크스의 자본론이 없었다면 돈의 철학도 나타날 수 없었겠지만 그와 마찬가지로 아직껏 사회학 및 그 인접 분야에서 나타나지 않고 있는 마르크스의 일생에 걸친 작업에 대한 보완적 내용을 짐멜이 이 책에 담고 있다는 사실도 강조되어야만 한다. 어쨌든 돈의 철학은 지나치게 철학적인 명상의 분위기 속에서 저술된 책이라는 사실이다."

뒤르껭은 『돈의 철학』을 '우리에게 던져진 사회철학적 논문'이라고 말하고, 그것은 '순수한 상징, 추상적 관계의 추상적 표현'으로서의 화폐를 다루고 있는 것이라 보았다. 또 금전과 금전적 관계가 '도덕 생활'에 미친 영향을 부각시킨 짐멜의 방식에 흥미를 가졌다. 바로 그 형식적이고 상징적인 속성 때문에 화폐는 우리의 도덕적 판단에 영향을 미친다. 그것은 귀하고 친한 온갖 대상들과 결부되어 있고, 그 때문에 그것들 모두를 도덕적으로 평가절하시킨다. 완숙한 화폐경제 체제는 일종의 '표백된 존재'로 귀결될 것이다.

베버는 『돈의 철학』을 "화폐경제와 자본주의가 지나치게 밀접한 것으로 정의됨으로써 구체적 분석을 그르쳤다."라고 비판하고 있다. 그래서 짐멜의 『돈의 철학』은 한 시대의 철학으로 보았다.

짐멜의 『돈의 철학』이 중요한 미학적 차원에서의 논의를 포함하고 있다는 점에 대해서는 이미 지적한 바 있다.이 점에 대해서는 차후 자세히 살펴보기로 하고 우선 게오르그 루카치의 문화 현상에 대한 태도는 헤겔주의적이 되고 나아가는 마르크스주의적 지평으로 접근해 나간다. 루카치는 과거의 문화와 현재의 문화를 논하는 도중에 '유행'을 자본제 생산의 혁명적 특징을 보여주는 예로 들고 있다. 이 점에서 그가 "정치란 단지 수단일 뿐, 목표는 문화이다." 라고 말하였다. 문화적 갱신이 여전히 중요한 목표로 생각되고 있는 것이다. 그러나 자본주의 사회의 문화는 문화적 표현의 형식과 내용의 모순으로 인해 곤경에 처해 있는 것으로 보인다.

『돈의 철학』의 마지막 장에서 짐멜은 생산품으로부터의 인간소외, 그리고 자신의 소산인 문화로부터의 인간소외 현상을 주목할 만하게 묘사하고 있다. 그리고 그 같은 현상은 짐멜이 말하는 바 주관적 문화와 객관적 문화 간의 문화현상과 함께 진행되며, 소비뿐만 아니라 생산에 있어서도 중요한 위치를 차지하는 분업에서 기인하는 것으로 추정된다.

『돈의 철학』의 마지막 중간 부분에 짐멜 자신의 논의가 제시되어 있다. 우선은 짐멜이 파편화, 원자화, 객체화, 물화, 규격화 등과 같은 분업이 야기시킨 제 과정에 대해 실로 탁월한 해명을 제시해주고 있음을 지적하는 데 그치기로 하자. 물론 마르크스의 저작에서도 상기의 과정에 대한 분석을 찾아볼 수 있다.

짐멜의 『돈의 철학』에서는 많은 미학적 유추가 이루어지고 있다. 그러나 그 이외의 부분에서 짐멜이 파악하고 있는 방법은 어떤 체계적 방법론에 입각한 것이라기보다는 그의 개인적 스타일로부터 나온 것이었다. 짐멜은 구체적인 수준에서 괴테와 미켈란젤로와 로댕, 렘브란트 등을 연구하였었는데 루카치에 의하면 이 같은 연구는 사물을 보는 그의 시각을 개안시켜 준 요소를 가장 잘 드러내 주었고, 예술에 대한 짐멜의 관심은 개인적인 면에서는 그가 스테판 게오르그나 릴케 등의 시인, 그리고 파울 에른스트 같은 극작가 등과의 교유였고, 나아가서는 파리에 있었던 로댕을 방문하기도 하였다는 사실에서 더 잘 나타나고 있다고 했다.

예술 그 자체와 마찬가지로 형식도 '완벽하게 자율적인 우주'이어야 한다. 구체적으로 이것은 『돈의 철학』 속에서 탈역사적 본질 형식과 역사적

특수현상들 간의 양극화를 지향하는 문제로 귀결되고 있다.

우리가 짐멜의 저작에서 발견하는 바 탈역사적이며 초시간적인 형식의 추출이라는 이 같은 특징이 루카치가 왜 짐멜을 '철학적 모네'이며, '진정한 인상주의 철학자'라 불렀는지를 설명해준다. 루카치에 의하면 짐멜은 가장 소소하고 가장 비본질적인 일상적 현상조차도 너무나 강하게 철학적으로 파악해 버림으로써 그것을 명료하게 만들고, 이어 그 명료성의 이면에 놓인 철학적 의미의 무한한 형식 관련을 드러내주는 능력을 가지고 있다고 한다.

루카치가 지적하고 있듯이 거미줄같이 복잡한 이 상호관계의 망은 하나의 체계를 이루지 못한 채 미로로 남아 있다. 짐멜은 삶의 모든 문화적 표현 양태들은 서로 무수한 관계를 맺고 있으며, 그 어느 것도 그것이 자리 잡고 있는 맥락에서 추출되어 나올 수는 없는 것이라 주장한다.

리이버의 주장대로 짐멜의 비판은 경제, 사회, 정치적 맥락에서보다는 문화비판이라는 맥락에서 이해되어야 할 것이다.

짐멜 자신은 『돈의 철학』이 모든 인간적인 것의 궁극적 가치와 중요성을 파악하기 위한 방향을 경제적 현상의 피상성을 뚫고 끄집어내려는 시도라고 보고 있다.

마르크스의 분석과는 달리 짐멜은 상품의 물신성의 기원보다는 물화에 대한 설명을 통해 이러한 문제의식에 접해가고 있었던 것이다.

여기에서 짐멜은 사회적 교환, 분업의 효과, 물화, 근대적 도시 생활의 결과 등의 쟁점들을 그의 많은 다른 저술들보다 훨씬 포괄적으로 논의하고 있을 뿐 아니라, 이 논의들은 우리로 하여금 그의 철학적, 사회적 세계관을 보다 쉽게 파악할 수 있게 해주는 보다 광범위한 맥락에서 전개되고 있다.

3. 결론

짐멜의 『돈의 철학』에서 기억되는 몇 가지를 나열해 보면, 노예의 해방이라 했다. 영주에게 곡물로 소작료를 내야 할 때에는 다른 농사를 지을 수 없었는데, 돈으로 지불할 때에는 소득이 높은 사업을 할 수 있어 자유를 얻었다는 것이다.

예전에는 돈이 지역마다 발행되었기 때문에 지역마다 그 가치가 달랐고 또 위조나 변형된 돈이 많았다고 한다. 돈은 무역이나 상업지역에서 많이 필요로 하였고 먼 길을 여행하는 상인들에게는 필수였다. 동전을 구르게 만드는 원형 구조는 화폐가 경제적 거래에 부여하는 운동의 리듬을 상징적으로 표현한 것이다.

화폐를 소유한 사람은 언제라도 그것을 사용할 수 있기 때문에 그것을 받아들일 것이다. 현물교환에서는 흔히 한 편만이 대상의 획득이나 처분에 대하여 특별한 관심을 가질 것이지만, 화폐와의 교환은 양편에 대해서 동시에 만족의 증대를 가능하게 한다.

우리는 대상 하나를 포기함으로써 다른 하나의 대상을 얻을 수 있다. 거래되는 두 대상은 각각 한 당사자에게는 바람직한 이득으로, 다른 당사자에게는 희생으로 나타난다. 그래서 대상을 획득하려면 기다림의 인내, 추구하는 노력, 노동력의 지출, 욕구되고 있는 다른 대상들의 포기 등이 그 대가로서 지불되어야만 한다는 사실에 기인한다. 가장 일반적 의미의 대가가 없다면, 가치는 존재하지 않을 것이다.

그러기 위해서는 적정한 교환을 원한다. 교환과정 속에서 대상들은 자신들의 가치를 상호적으로 표현한다. 대상가치는 그것들이 다른 대상들과 교환됨으로써 객관화한다. 교환과정은 하나의 생활형식이다. 교환은 인간생활을 구성하는 가장 순수하고 가장 발전된 상호작용이다.

만약 경제적 가치가 공급과 수요에 의해 결정되는 것으로 생각된다면, 공급은 희소성과 수요는 효율성과 각각 일치할 것이다. 왜냐하면 효용은 대상의 수요가 있는지 어떤지를, 희소성은 우리가 당연히 지불해야만 하는 가격을 각각 결정할 것이기 때문이다.

물물교환에서 돈으로 가격을 정할 때에는 가치에 대한 가격이 문제가 되었다. 언뜻 보기에는 가치와 가격이 같을 것으로 생각되지만 가치와 가격은 엄연한 차이가 있어서 가치가 있다고 높은 가격을 쳐 주는 것이 아니며, 가격이 높다고 가치가 큰 것도 아니라는 이야기이다. 더구나 돈에 대한 가치도 있어야 돈의 역할을 할 수 있기 때문에 처음에는 철이나 은, 금을 사용하게 되었다.

최종적으로는 돈으로 살 수 있는 것은 의식주나 땅 등이 아니라 정신세계의 문화를 소유하는 것이 가장 높은 가치라는 것이다. 돈을 소유하는 것은 가치 있는 것을 소유하기 위한 수단이지 그 자체가 목적은 아니라는 데 공감이 간다.

우리는 이루어진 것보다 이루어지지 않은 것을 더 가치 있다고 생각한다. 내가 못하면 다 가치 있어 보이기에 남의 이야기에 더 귀를 기울인다.

우리는 물질도 힘도 새롭게 창조할 수는 없다. 우리는 다만 가능한 한 많은 것들을 현실계열로부터 가치계열로 상승할 수 있도록 주어진 것들을 이동시킬 수 있을 뿐이다. 모든 교환은 가치로 환원되고 모든 가치는 교환으로 환원되는 무한한 과정이 이 양자 사이에서 발생하기 때문이다. 우리가 문화를 창조하는 것은 가치를 향상시키는 일이다. 우리는 오늘도 가치 향상을 위하여 글을 쓴다.

4부

탐닉의 사람들

한옥마을

선과 악

1. 서론

선과 악도 흑백논리가 아닐까 한다. 흰색과 검정색을 일렬로 늘어놓으면 중간에 회색이 나온다. 회색이 흰색에 비교하면 검정이지만 검정색과 비교하면 흰색이 되는 것처럼 선과 악을 일렬로 늘어놓으면 중간에 선도 악도 아닌 중간 지점이 나올 것이다. 그 중간 지점은 선에서 보면 악이고 악에서 보면 선이 되는 것이다.

우선 우리는 선과 악의 정의부터 내려야 할 것이다. 지금은 선이 무엇이고 악이 무엇인지 확실한 실체가 없다. 악과 선은 상황에 따라 실체가 다르기 때문이다. 우리가 흔히 하는 말로 살인강도에게 칼은 악이지만 요리사에게 칼은 선이기 때문이다. 여기에서 선은 남에게 좋은 결과로 나타나고 악은 나쁜 결과를 가져온다.

오늘에 이르기까지 내려온 모든 정의定義의 내력을 파악하여 선악을 구분하는 것도 좋은 방법이다. 오래된 학문으로는 맹자의 성선설과 순자의 성악설을 들고 있다. 이들도 따지고 보면 선과 악이 뚜렷하게 구분되는 것도 아니고 어느 정도 겹치는 부분이 많다.

불가의 선은 악을 만들면서 생긴 것이니 선을 없애면 악도 사라진다는 관점에서 나온 것이라는 것을 아는 사람만이 혼란스럽지 않을 것이다. 색즉시공色卽是空이요, 공즉시색空卽是色이란 것도 '이건 이것이고 저건 저것이다.'라고 한정지어 못 박으면 지혜로운 눈이 사라진다는 뜻이다.

선악의 구분을 하지 않는 것은 불교의 영향으로 보이는데, 제대로 불교를 배우지 않은 사람이 그런 걸 접한다면 기계적으로 받아들여서 세상에 선이라는 것도 악이라는 것도 없으니, 저 하고 싶은 대로 하면 다 된다고 생각할지 모른다.

데미안의 아프락사스를 확대하여 무엇이든 내가 하는 것이 진리라고 생각한다면 말이다. 불가에서 말하는 것은 궁극의 경지에서 옳고 그름을 기계적으로 나누지 말라고 한 것인데, 우리 고등학교 때 선생님들이 가르쳐 준 대로 색즉시공이요 공즉시색이란 것을 있는 것은 없는 것과 같고 보이는 것이 실존하지 않는 허상일 수 있다고 생각해버리는 것처럼 말이다.

보편적인 선과 악의 구분 중심에는 종교가 있다. 어쩌면 종교의 대부분은 선악을 나누어 생각하고 선을 추구하려고 노력하고 수련하는 것이다. 종교에서 선악의 구분을 철저히 논하는 것은 기독교의 교리이다. 그들은 예수 믿고 천국 가라는 말은 어디까지나 선한 일을 하여 하늘나라에 가자는 것이다. 반대로 나쁜 일을 하면 지옥으로 간다는 것이다. 처음 듣는 사람에게는 섬뜩한 이야기이다.

2. 교리와 현실

가. 교리

기독교에서는 '인간의 본성이 악하다.'라고 하고 있다. 그만큼 인간의 내성은 타락해 있고 그것을 종교적 양심들을 통해 걸러내라고 권고하고 있다.

기독교도 처음부터 인간이 악한 것은 아니었다. 처음에 하나님이 창조한 인간은 선하고 선하였다. 그런 인간이 사탄(뱀)에게 농락당하여 타락의 길을 걷게 된 것이다. 그 타락에서 벗어나기 위하여서는 하나님의 아들(예수)의 본을 받아야 한다. 그것이 믿음이다. 인간은 스스로 선할 수 없다는 것이 기독교의 교리이다. 기독교의 모순은 인간 스스로 구원받을 수 없다고 하면서 인간에게 자유를 주었다고 한다. 어디서 어디까지 자유를 인정하는지 불확실하고 진정 하나님의 뜻이 무엇인지 인간들이 정확하게 파악할 수 있느냐 하는 문제이다. 하나님은 인간이 선하게 살기를 원하면서 '순종하라!' 하지만 인간은 아직도 하나님을 파악하기 위하여 혈안이 되어 있다. 인간이 사탄의 꼬임에 빠질 때부터 지금까지 그 유혹에서 벗어나지 못하고 있다.

인간의 생활에서 불공평 불평등 불균형은 하나님을 의심케 한다. 진정 하나님이 계시는 세상이라면 이렇게 억울한 삶을 살아야 하느냐 하는 탄식을 하게 된다. 이러한 생각은 인간이 깨우침으로부터다. 과거 노예 생활은 하나의 운명이라며 받아들였으나 이제는 그것이 아니다. 다시 말하면 복종만 해야 했던 노예들이 선악과를 따 먹고 눈이 밝아진 것이다. 그래서 니체는 '신은 죽었다.'라고 선언하였다.

니체의 무신론에서 이 세계의 중심점은 신적인 존재가 아니라 인간이 중심이며, 인간이 만물의 척도가 되었다. 중세기의 종교적 속박으로부터 해방된 인간은 이제 하나의 주체적이고 책임적인 존재로서 등장하였으며, 하나님도 이 인간을 통하여 자연의 세계와 관계를 맺을 수 있게 되었다. 그 결과 인간이 하나님의 형상에 따라 창조된 것이 아니라 하나님이 인간의 형상으로 전락한 위험성에 빠지게 되었다. 달리 말하여 이제 인간은 그의 필연성과 현실의 기준을 하나님에게 가진 존재가 아니라, 그 자신 속에 가진 존재로서 하나님 없이도 존재할 수 있게 되었다. 그리하여 하나님은 인간과 그의 세계에 대하여 필연성을 갖지 못하게 되었으며, 인간은 하나님이 없는 것처럼 세속적으로 살게 되었다.

나. 현실

나는 초등학교에서 아이들과 지내고 있다. 소위 학교 지킴이로서 열심히 생활하고 있다. 아침 7시 30분에 출근하여 오후 4시에 퇴근한다. 아이들의 등교와 하교를 돌보며 지낸다. 수업시간을 제외한 시간은 어쩌면 내가 관심을 가지고 지켜보는 시간들이다. 그러나 아이들의 관심에 100% 만족을 주지는 못한다.

첫째는 싸우는 아이들이다. 막상막하인 싸움도 있지만 일방적으로 피해를 당하는 학생이 있다. 내가 보기에도 일방적인 피해, 그것도 1학년과 4학년의 싸움은 형평에도 어긋나고 분노 또한 가중될 것이다. 그런데 그 피해자를 두둔한다고 선은 아니라는 이야기다. 가해 학생을 한 대라도 때린다면 또 다른 폭력을 낳아 일방적으로 피해를 당한 사람이 되기 때문이다. 그렇다고 말을 함부로 해도 언어폭력이 된다. 그렇다고 조용한 말로 타일러도 불만은 해소되지 않는다. 일방적인 가해자도 할 말이 있는 것이다. 저 조그만 아이가 먼저 시비를 걸었다는 것이다. 그러면 꼭 그만큼만 피해를 주어야 하지 왜 더 많은 피해를 주었느냐고 따져도 소용없다. 어차피 인간의 충돌에서 명확한 거래는 불가능하기 때문이다.

둘째는 상대가 없는 아이이다. 아침에 등교 시간에 늦었다고 타일러도 기분이 나쁘게 들렸다면 악이 되는 것이다. 나는 그런 뜻이 아니라고 침이 마르게 변명을 하여도 그가 인정하지 않으면 악이 되는 것이다.

셋째는 인간 외적 다른 사물과의 관계이다. 아이들이 꽃을 꺾어서 운동장에 버렸다. 치우라고 했고, 왜 꽃을 꺾었느냐고 질책을 하면 당연히 기분이 나쁘겠지. 그러나 인간과 식물을 같은 위치에서 평가하는 것은 바람직하지 않기에 인간의 입장에서는 악이라 할 수 있다.

그렇다면 인간으로서 신과 같은 역할을 하는 것은 절대 불가한 일이다. 신이 죽었다고 인간이 신의 역할을 한다면 이 세상은 정말 거짓의 사회가 될 것이다.

3. 결론

결국 이 세상에는 하나님이 있어야 한다는 사실을 인정해야 한다. 그것이 칸트가 순수이성 비판에서 논하는 신이 있는 것이 좋다면 신이 있다고 하자는 의견에 공감할 수밖에 없다. 그러면 하나님은 어떤 사람이 되어야 할까? 그것은 기독교에서 이미 밝혀 두었다. 그 사람은 예수였다. 예수처럼 사는 인간이 하나님이 된다. 그래서 예수는 자기가 하나님의 아들이요 하나님이라고 밝혔다. 예수가 사람으로 있을 때에는 하나님의 아들이요, 사람을 떠나서 부활하고 승천하는 사람으로서는 하나님인 것이다.

하나님인 사람은 남을 위하여 희생하는 것이다. 자기보다 이웃을 더 사랑하는 사람이다. 그래서 예수의 사랑은 모두가 아가페 사랑이다. 하나님은 인간이 볼 때는 죽은 것처럼 느낄지도 모른다. 아무런 행동도 없고 반응도 없다. 그뿐인가. 하나님은 거저 주시는 분이다. 그것을 은혜라고 한다. 대가 없이 모든 것을 주고 아무리 큰 잘못이 있어도 책망하지 않는 분이 하나님이다.

하나님을 알려면 복잡한 암호의 열쇠를 풀어야 한다. 그러나 결론은 하나님이 그 문을 걸어 잠그고 있다는 사실이다. 열쇠고리를 부수는 도둑이라면 열쇠 번호가 필요 없다. 하지만 하나님은 인간들에게 자물쇠를 부수도록 놓아두지 않고 정상적인 절차를 밟아서 열라고 한다. 그보다 더 큰 문제는 하나님이 열쇠의 번호를 자주 바꾼다는 사실이다. 인간이 하나님의 열쇠를 풀려고 하면 하나님은 또 다른 번호를 부여한다. 하나님은 인간이 점차적으로 풀지 못하게 한다. 그래서 하나님은 증명할 대상이 아니라 그저 믿기만 하면 된다고 가르친다.

참고로 토마스 아퀴나스의 하나님(신) 증명법 5가지를 살펴본다.

① 하나님은 최초의 원동자이다.(최초의 존재자)

② 하나님은 원인 없이 존재한다.(스스로 존재하는 자)

③ 하나님은 최초의 필연성의 존재이다.(필연만 있고 우연은 없는 자)

④ 하나님은 현실과 강도가 최고로 높은 계층이다.(가장 위쪽 순수 존재자)

⑤ 하나님은 최고의 목적을 가지고 있다.(합목적성으로 운행하는 자)

하나님은 자기 자신은 변화하지 않고 움직여지지 않으면서 모든 것을 움직이는 최고의 근원이다. 하나님의 존재 밑에 합목적적으로 잘 조화되어 있고, 신적인 질서에 따라 움직여 나가는 하나의 세계를 우리는 표상할 수 있다. 그리고 이러한 세계관 속에 희랍철학의 형이상학적 유신론이 그대로 계승되고 있음을 발견할 수 있다.

따라하지 마세요

위험한 마술을 텔레비전으로 볼 때면 '절대 따라하지 마세요.'라는 자막이 나온다. 그러면 더 흥미진진하다는 생각에 채널을 고정한다. 주의를 환기시키는 자막이 시청자들의 호기심을 자극한 것이다. 그래서 호기심 자극을 위한 문구로 '아무나 따라하지 마세요.' '절대 따라하지 마세요.' 등등으로 확대 사용되고 있다.

그런데 세상에는 절대 따라하면 안 될 일을 따라하라고 하는 문구가 있으니 '믿음'이다. 믿으면 된다는 사상이 종교이다. 그 종교는 다름 아닌 예수교이다.

예수님은 십자가에 스스로 돌아가시고 "다 이루었다."하시며, "만인은 다 나를 따르라!"라고 하셨다. 그런데 이상한 일은 따르면 안 될 것 같은데 따라하는 사람이 있다는 것이다.

또 『성경』은 100세에 얻은 독자를 모리아 산에 가서 제물로 바치라고 한다. 그것도 16년이나 키워서 곧 결실을 볼 자식을 말이다. 말이 좋아서 바치는 것이지 실제는 살인을 하라고 가르친다. 그러나 천만다행인 것은 살인 직전에 숫양을 잡으라고 말을 바꾼 것이다. 살인을 면한 것은 다행이지만 여호와하나님은 거짓말을 한 것이다. 언제는 사람을 바치라 하고 결정적인 순간에는 말을 바꾸어 버리는 극적반전으로 사람들의 혼을 빼놓은 것이다. 그것이 하나님이다.

하나님의 통 큰 계획으로 자식을 인간세계에 내려 보냈다. 사람들의 마음을 사로잡기 위하여서다. 말로는 인간의 잘못을 바로잡기 위한다지만, 인간을 빠져나가지 못하는 올무에 밀어넣기 위한 수단인지도 모른다. 여기에도 대반전이 있다. 인간 예수는 죽지 않으려고 겟세마네 동산에 제자 둘을 데리고 올라가 기도를 한다. 제자들은 너무나 졸려서 잠이 들었지만, 거기까지 따라간 것만으로도 성공이다. 그들은 이미 증인으로 손색이 없었기 때문이다.

인간 예수는 죽음이 얼마나 두려운 것인가? 인간의 아픔을 대변하고도 남는다. 그는 죽지 않으려고 피땀을 흘려가며 기도를 드렸으나, 하나님의 계획은 모리아 산의 제물처럼 변경되지 아니했다. 모리아 산의 제물은 하나님과 아브라함 둘의 문제였으나, 골고다 언덕의 예수는 로마 병정과 유대인 군중을 속일 수 없었던 것 같다. 그러나 여기에도 대반전이 일어났다. 죽음을 이긴 부활이다. 그것도 죽은 지 3일이 지난 후에 부활하여, 40일간 이 세상에 살다가 승천하는 기상천외한 사건이다. 아무나 따라하기 어려운 마술이다. 그런데 따라하라 한다. 불가능한 줄 알면서 내가 했으니 너도 할 수 있다는 말이다. 따라하지 못하는 것은 믿음이 부족하다는 것이다.

그 믿음은 능력도 아니고, 만능키도 아니고, 티켓도 아니다. 그 믿음은 마음이다. 그냥 믿기만 하면 된다는 믿음, 인간의 마음이다.

따라할 수 없는 이 엄청난 일을 따라하는 자들이 있다. 십자가에 못을 박고 매달려 신음하는 사람, 산 몸으로 무덤에 들어가 예수의 심정을 조금이나마 체험하려는 사람, 심지어 죽었다 3일 후에 부활하려는 어리석은 사람까지 있다.

그들은 왜 그럴까? 진짜 믿음이 충만한 신앙일까? 그래서 예수의 말을 100% 믿고 따라하는 것일까? 아님 상당한 이유가 있을 것이다. 자기가 예수를 따라하여 예수처럼 되고 싶은 욕망이다. 인간의 욕망은 끝이 없다. 그래서 예수의 부활 승천 이후 수천수만의 대리 예수가 나타났다. 지금도 가짜 예수는 나타나고 나타날 채비를 하고 있다.

그러면 예수는 왜 "따라하지 마세요."라 하지 않고 "따라하세요."라고 했을까? 어차피 인간은 정상적으로 되는 것은 싫어한다. 인간의 질투는 끝이 없다. 인간의 본성을 안 예수는 따라하지 말라 해도 따라할 인간이기 때문에 그랬을 것이다. 역설의 예수는 진짜 역설로 "따라하라!" 예수님은 엉뚱한 일을 잘 벌이고 따라하지 못할 인간인 줄을 알면서 "따라하라!" 한 술 더 떠서 "순종하라!" 강조한 것은 아닐까?

예수의 계획대로 인간은 잘도 따라한다. 세상 사람들은 예수처럼 되기 위한 모방을 한다. 성경적으로는 예수가 되기 위한 모방은 실패요, 예수님 말씀에 순종하는 것은 성공이다.

인간은 신을 위하여 죽을 수밖에 없다. 인간은 신의 섭리를 벗어날 수 없다. 아니 신의 손아귀에서 벗어나기는 불가능하다. 우리는 여기에서 "신이 있느냐? 없느냐?"보다는 신의 지배를 벗어날 수 있느냐가 문제이다. 인간은 신의 피조물이다. 인간은 누군가에 의하여 태어났다. 스스로 태어난 자는 없다. 예수님도 결국 인간의 태를 빌려서 태어났다. 인간이 스스로 태어날 수가 있다면 마리아의 태를 빌려서 태어날 필요가 있었을까? 차라리 그랬더라면 제2, 제3의 예수는 나타나지 아니했을 것이다. 진짜 따라하지 말 것은 가짜 예수를 따라가는 것이다.

종교와 노동

1. 서론

종교와 신앙

인간이 고안한 각종 이상향은 토마스 모어의 '유토피아', 플라톤의 '공화국', 도연명의 '무릉도원', 제임스 힐튼의 소설 『잃어버린 지평선』에 나오는 '샹그릴라', 프란시스 베이컨의 '뉴 아틀란티스' 등이 있다고 한다. 성서에서도 아담과 하와가 살았다고 하는 '에덴동산'이나 걱정과 부족함이 없는 아름다운 축복의 땅인 '낙원' 또는 '천국'이라는 곳도 찾아볼 수 있다. 대부분의 사람들은 천국이란 부족함이 없고 인간의 물질적 욕망도 모두 충족되는 행복한 곳이라고 생각한다. 그런데 현실 세계에서 없는 것이 없는 사람 또는 거의 모든 것을 다 가진 사람이 적지 않은데, 이들 모두가 천국에서처럼 행복한 생활을 현세에서 누리고 있지는 못하다는 역설적인 현상이 일어난다. 그래서 천국은 물질적인 풍요로움 이외의 조건으로 설명되어야 하는데, 대부분의 사람들은 이를 구체적으로 잘 설명하지 못한다. 인간이 물질적으로 풍요롭게 되면 행복하게 되는 것이 아니라, 정신의 타락이 심해져서 오히려 불행해지는 경우도 많음을 알 수 있다. 인간의 행복은 짐승의 경우와는 달리 물질적 만족에 의해서만 결정되는 것은 아니다.

인류 역사를 놓고 볼 때 많은 사람들은 인간을 잘 조직하고 사회제도를 잘 만들어 운영하면 인간사회는 이상향 또는 유토피아가 될 수 있을 것으로 생각하고, 이의 실현을 위하여 노력하였다. 그러나 비 스키너에 따르면 유한한 인간은 무한한 지혜를 필요로 하는 유토피아를 건설할 능력이 없을 뿐만 아니라 설령 있다고 하더라도 마음가짐이 옳지 못한 인간을 바탕으로 이상적인 조직과 제도를 아무리 훌륭하게 운영한다 하더라도 현실사회가 유토피아로 될 수는 없다는 것이 이 분야 전문가들의 지배적인 견해이다. 따라서 무엇보다 중요한 것은 인간이 마음가짐을 옳게 갖도록 해야 된다는 것이다. 인간에게는 유토피아를 건설할 능력은 없다고 하더라도 현실사회를 보다 바람직한 사회로 만들기 위하여 노력하는 것은 극히 중요한 과제라고 할 수 있다.

이상적인 사회란 곧 '완전한 사회'라고 할 수 있는데, 완전한 사회의 건설은 사회의 치안과 국방에 관련된 정치, 군사 및 외교문제, 생필품 등 필요한 물자의 조달과 관련된 경제문제, 구성원의 자질 및 덕행과 관련된 일반 및 윤리교육 문제, 그리고 여가선용 등이 인간의 삶을 편리하게 하는 방향이어야 한다. 사회 구성원들로 하여금 각자가 해야 할 행위를 어떻게 더 잘 하도록 만들며, 하지 않을 때는 어떻게 처벌하는가는 곧 상과 벌의 문제라고 할 수 있다.

완전이란 화합을 의미한다고 하는데, 불교에서도 "진정한 공동사회는 사람들이 서로를 이해하고 믿으며 '화합하는 사회'이며, 화합이야말로 진정한 공동사회나 조직체의 생명이고 의미"라고 하였다.

죠지 카텝과 비 스키너에 따르면 화합이란 화목한 사회로 다음과 같은 특징을 갖는다고 한다. 영속적인 평화, 인간의 완전한 욕망 충족, 행복감을 수반하는 노동과 풍족한 여가생활, 완벽에 가까운 평등, 권력행사에서 모든 사람이 평등하여 타인의 피해가 없고 큰 어려움 없이 모두가 실천할 수 있는 도덕률이라고 하였다. 불가능해 보이는 내용으로 일상의 개념과는 그 뜻이 다르고 또한 분명하게 정의하기도 어렵지만 완전한 사회의 실현 또한 어렵다는 의미이다. 그래서 천국이나 다름이 없는 완벽한 사회나 천국의 조건을 규정하는 것은 불완전한 인간에게는 거의 불가능한 일이 아닐 수 없다.

역사적으로 보면, 어떤 사람은 현실세계는 고통과 환난의 연속일 수밖에 없으므로 이상적인 사회를 현세에서 구현한다는 것은 어불성설이며 기껏해야 이상사회는 내세來世에서나 경험할 수 있는 것이라고 말을 한다.

2. 본론

가. 마르크스의 노동

마르크스 경제학에서 상품의 가치를 결정하는 것은 그 생산에 투하된 직·간접 노동력의 총량이라는 영국의 경제학자 데이미드 리카도의 노동가치설에서 출발한다. 즉 자본가가 차지하는 부분을 마르크스는 잉여가치라고 하며 그 크기는 곧 자본가의 노동자에 대한 착취의 정도를 나타낸다고 한다. 마르크스는 이러한 노동가치론과 잉여가치론을 가지고 어떻게 자본주의가 멸망하고 그로부터 사회주의가 탄생하는가를 설명하려고 하였다.

공산주의는 그 창시자인 칼 마르크스의 무신론과 유물사관에 기초하고 있으므로 개인의 소유권을 부인하는 것은 물론 인간의 성스러운 정신이나 우정 및 사랑에 바탕을 둔 인간관계를 근본적으로 부인하고 있다. 헨리 키신저 박사도 "유물사관의 논리에 따라 살아가는 공산주의자들과 개인적으로 우정을 두텁게 하는 등 친밀한 인간관계를 유지할 수 있다고 생각하는 것은 큰 오해"라고 말한 바 있다.

마르크스는 무신론자로서 유물사관에 입각하여 종교는 노동자들의 고통을 일시적으로 잊게 하는 아편제에 불과하다고 하여 공산국가들로 하여금 종교를 배척하도록 하였다.

종교적 본능의 만족 없이는 인간의 참 만족이란 있을 수 없는 법이다. 그럼에도 불구하고 현대 많은 유물론자들은 인간이 물질적으로 만족하면 행복하게 된다고 말하고 있다. 이는 크게 잘못된 생각이다. 플라톤은 무신론은 영적 질병이며 무신론자는 영적 환자라고 하였다.

무신론과 유물사관에 바탕을 두어 개인의 소유권을 부정해 온 공산주의 경제는 소련이나 중국을 막론하고 모두 심한 경기침체를 거듭하여 왔음은 말할 필요도 없다. 중국의 실권자 등소평이 "마르크스는 죽었다."라고 선언한 것이나, 소련 공산당 서기장 미하일 고르바초프가 "마르크스주의나 유물론은 시대에 뒤떨어진 사상"이라고 한 것도 바로 이런 이유에서이다. 중국의 개인이나 가정, 기업이나 국가사회를 막론하고 그 발전에 있어서 궁극적으로 중요한 것은 물질이 아니라 건전한 가치관 또는 정신인데도 불구하고 정신을 무시하고 물질만을 앞세운 마르크스의 유물론은 잘못이라는 것이다.

마르크스의 기본 철학은 앞서 말한 바와 같이 유물사관인데 유물사관이란 어느 사회를 알자면 그 역사를 알아야 하고 그 역사는 주로 물질, 곧 경제적 조건에 의하여 결정된다는 사관이다. 그래서 성직자는 공산주의와 함께할 수는 없는 관계이다. 그래서 기독교는 북한 공산주의에 동조하거나 찬양하면 안 되는 것이다.

영국의 위대한 경제학자 알프레드 마샬은 인류의 오랜 역사를 놓고 볼 때 인류의 생존과 발전에 가장 중요한 영향을 미쳐 온 두 요인은 종교와 경제라고 하였다. 그러므로 종교 윤리와 경제 원리가 잘 조화된 경우에는 국가경제도 잘 발전하였고 그렇지 못한 경우에는 국가 경제도 침체되지 않을 수 없었다.

십계명은 사유재산제도가 인간의 본능, 존엄성 및 사회정의의 면에서 볼 때 합당한 제도임을 밝히고 있다. 어느 누구도 남이 열심히 일하여 번 재산을 도둑질하면 안 된다는 계명은 다른 관점에서 보면 누구든지 열심히 일하여 번 재산에 대해서는 신성불가침의 소유권을 갖고 있다는 것이다. 십계명은 열심히 일하는 사람과 적당히 일하거나 노는 사람이 모두 평등주의에 입각하여 재산을 공유해야 된다는 공산사상을 근본적으로 부인하는 것이다.

인간은 평생 동안 땀을 흘리며 고되게 일을 해야 먹고 살 수 있게 되어 있으므로 열심히 일하여 먹고 살아야 하는 것이다.(창세기 3장 17~19절), 또 "제 일을 게을리하는 사람은 일을 망치는 사람과 사촌 간이다."(잠언 18장 9절)라고 하여 근면할 것을 강조하였다. 인간은 땀을 흘리며 열심히 일을 해야 먹고 살게 되어 있다는 하나님의 섭리를 인정하지 않고 놀고먹으면 도적질하는 것이 된다.

나. 놀고먹는 도적질

인간이 제일 먼저 저지르는 죄는 도적질이다. 이브가 제일 먼저 지은

죄가 에덴동산에서 금단의 과일을 훔쳐 먹은 것이었고, 어린이들이 자라면서 가장 먼저 저지르는 죄도 도적질이라고 한다. 도적질은 인간이 가장 유혹받기 쉬운 죄라고 한다.

사람이 도적질을 하는 이유는 첫째, 인간은 땀을 흘리며 열심히 일해야 먹고 살게 되어 있다는 하나님의 섭리를 인정하지 않기 때문이다. 그리고 현재 자신이 하는 일이 자신의 능력을 감안하여 하나님께서 정하여 주신 것이나 마찬가지인데도 능력을 다해서 열심히 일하지 않으며, 현재 받고 있는 보수도 많건 적건 자신의 능력과 처지를 반영한 것인데도 이를 인정하지 않고 부당하게 자신의 이익만 고집하기 때문이다. 곧 신앙심이 없거나 부족할 뿐만 아니라 청지기처럼 성실하게 맡은 일을 처리해야 된다는 생각을 하지 않기 때문이다. 둘째는 탐욕, 셋째 주위에 악한 사람들, 이른바 사탄의 교사 때문이다.

도적질의 유형은 첫째 남의 돈이나 물건을 훔치는 것, 즉 강도, 절도요, 탐관오리들이 백성들에게 "네 죄를 네가 알렸다."하며 착취하는 것이다. 둘째 상거래에서 손님을 속이는 것, 즉 저울, 자, 허위 광고 등 이다. 셋째 남에게 돌아갈 몫을 떼어 먹는 것. 즉 관리인, 후견인, 변호인 등이 횡령하는 것이다. 넷째 노력하지 않고 남의 것을 가로채는 것. 즉 도박, 경마 등 사행행위다. 다섯째 탕진, 여섯째 보증, 일곱째 인색한 것도 도적질이다. 남을 도와야 할 것을 가로채는 것처럼 말이다.

또 물질 이외의 도적질로 여덟째 인격의 도적질인 인신매매, 어린이 유괴, 인질 및 납치다. 아홉째 성격 도적질로 향락, 사행성이다. 열째는 명성 도적질로 비방이다. 우리는 흔히 비방을 도적질로 여기지 않지만, 셰익스피어는 "내 돈을 훔치는 사람은 돈만 가져가나, 내 명성을 좀도둑질 하는 사람은 그것으로 득도 보지 못하면서 참으로 나를 가난하게 만든다."라고 했듯이 남을 비방하는 자는 남의 명성을 도적질하는 것이다.

열한 번째 남의 평화와 행복을 도둑질하는 것, 즉 남의 남편이나 아내를 빼앗아 평화롭고 행복하던 가정을 파괴하는 것이다. 열둘째 하나님과 부모에 대한 도적질로 크게 승리하고서 천부의 재능이나 부모의 은덕을 코치나 자신의 공으로 돌리는 행위로 운동선수, 학자, 연예인 등이 하나님이나 부모의 은혜에 감사할 줄 모르는 것도 해당된다.

그러한 면에서 성직자는 본분을 망각하면 놀고먹는 사람이 되는 것이다. 그래서 성직자들은 항상 겸손해야 한다. 그리고 성직자들은 성도들에게 빚진 자이다. 그래서 애민을 한답시고 성도들의 앞날에 훼방꾼이 되어서는 아니 된다.

다. 비방시대의 거짓증언

현대사회는 욕설과 비방의 시대라고 할 정도로 사람들이 욕설과 비방으로 이웃을 해치고 하나님의 이름을 더럽히고 있다. 하나님의 말씀을 듣거나 좋은 책을 읽어 올바른 생각을 마음속에 쌓아 두었다가 남들에게 두고두고 유익한 말을 해주려고 하기보다는 자기 마음속에 있는 것을 계속 끄집어내는 데만 온 신경을 쓰는 사람들이 많다. 그런데 마음속에 별로 든 것도 없는 사람들이 계속 속에서 끄집어내려고만 한다면 나오는 것이 무엇이겠는가? 남을 비방하고 하나님의 이름을 더럽히는 말들이 대부분이 아니겠는가?

입으로는 하나님을 부르면서 행동으로는 부인하는 사람, 하나님의 이름으로 거짓 맹세하는 사람, 그리고 경솔한 언동으로 하나님의 이름을 함부로 사용하는 사람 등은 모두 하나님의 이름을 더럽히는 사람들이다. "너희는 입으로 한 말은 반드시 지켜야 한다."(마태 23장 3절)라고 한다.

아담과 하와도 에덴동산에서 사탄의 거짓증언 때문에 그 죄악의 과일을 따 먹게 되었다고 하지 않는가?

거짓증언의 혀는 걷잡을 수 없는 악이며, 독으로 가득 차 있다.(야고보 3장 8절)라고 했는데, 지금 이 시각에도 세계 도처에서 타인과 나라를 위한다는 거짓증언 하에 테러와 폭행으로 무수한 사람들을 해치거나 괴롭히려고 음모하는 사람들도 적지 않을 것으로 보인다. 캄벨 모간 목사는 구라파의 불안의 반은 국가 간의 비방이나 중상모략 때문이라고 하였다.

세상이 어지러운 때일수록 남을 비방하는 말이 많게 된다. 『성경』에 혀는 사람을 죽이기도 하고 살리기도 한다. 혀를 놀리기 좋아하는 사람은 반드시 그 대가를 받는다.(잠언 18장 21절) 그래서 악한 사람은 우선 그 혀에서 독을 빼내어야 하는 것이다.(잠언 10장 6절) 비방하는 혀에 의하여 생긴 마음의 상처는 유명한 의사도 고치지 못하는 것이다. 심한 비방은 무고죄 등의 법적 처벌의 대상이 되나 심하지 않은 것은 법적 처벌의 대상도 안 된 채 남을 해치는 것이다. 국민 간의 험담과 비방 때문에 발생하는 국력 손실도 막대할 것으로 보인다. 두더지가 땅속만 뒤지듯이 비방하기 좋아하는 사람은 남의 험담거리만을 뒤지고 다닌다. 인간은 남 말하기를 좋아하는 동물이다. 허셀 포드는 그런 사람은 그 혀를 매달아 처형하고, 이를 즐겨 듣고 부추기는 사람은 그 귀를 매달아 처형해야 된다고 하였다.

우리 국민들은 남을 해치는 말은 해서는 안 되고 남에게 도움이 되는 말을 해야 한다. 특히 성직자라면, 남을 비방하는 말을 해서는 안 된다. 그 사람에게 상처를 주기 때문이다. 비방을 듣는 사람에게는 판단을 흐리게 만들므로 마찬가지로 듣는 자에게도 피해를 준다. 그리고 비방하는 사람은 거짓과 악의를 마음속에 품게 됨으로 자신의 영혼을 더럽히게 되는 것이다. 총칼로 남을 해치려고 하는 사람은 적으나 혀로써 남을 해치기를 좋아하는 사람은 너무나 많다. 독사의 독은 입에 있고, 전갈의 독은 꼬리 부분에 있으며 비방이나 무고하는 사람의 독은 혓바닥에 있다고 한다.

『성경』은 살인하는 행위뿐만 아니라 살인하는 마음도 단호히 금한다. 원한, 증오심, 복수심 등이 살인하는 마음의 예인데 『성서』는 자기 형제를 미워하는 자는 누구나 다 살인자(요한1서 3장 15절)라며 이웃에 대하여 살인하는 마음인 복수심을 품지 말라고 하였다. 그리고 원수 갚는 것은 내가 할 일이니 내가 갚아 주겠다. 그러니 너는 원수가 굶주리거든 먹을 것을 주고 목말라 하거든 마실 것을 주어라! 그러면 네 원수는 머리에 숯불을 놓는 것 같아 부끄러워 견딜 수 없을 것이다.(로마서 12장 19~20절)라고 하였다.

『성서』는 영혼의 살인 행위도 금한다. 남을 유혹하여 죄의 구렁텅이에 빠뜨리는 것은 남의 영혼을 망치는 행위인 것이다. 그리고 인간은 영적 존재이므로 올바른 신앙생활은 올바른 영적 생활에 절대적이다. 그러므로 남에게 신앙생활을 못하게 하는 것이나 종교의 자유를 박탈하는 행위는 영혼의 살인행위가 되는 것이다.

인간 망나니는 그야말로 하늘 무서운 줄 모르고 기분 내키는 대로 언동을 하며 제멋대로 살아간다. 항상 잘났다고 생각하며 살아가고 돈이라도 많이 벌든지 또는 출세라도 하게 되면 그야말로 노는 것이 가관이다.

한국인은 전통적으로 남의 일에 참견하는 것을 좋아한다고 한다. 어디에 가는 사람을 보면 "어디에 가십니까?"하고 묻고 행선지를 밝히면 또 "왜 가십니까?"하고 묻는 등 남의 일에 참견하는 것을 좋아한다는 말이다. 후진국의 국민이 말하는 것을 보면 너무나 큰소리로 빠르게 그리고 쓸데없이 너무나 많이 이야기한다는 것이다.

조셉 머어피는 타인과 세상을 돕는 일을 하기 전에 먼저 해야 될 것은 남에 대한 나쁜 감정이나 원한부터 푸는 것이라고 한다. 그러기 위하여는 너그러운 마음으로 여러분을 해친 사람들을 용서하고 뿐만 아니라 그들을 위하여 진정으로 복을 빌어 주어야 된다는 것이다. 마태복음 5장 44절에 "나는 너희에게 이르노니 너희 원수를 사랑하며 너희를 박해하는 자를 위하여 기도하라."고 하였다.

어떤 성직자는 애매모호한 말로 남을 해치려는 의도가 분명히 있는지 모른다. 누구나 말을 할 때는 그 대상이 이웃이건 사건이건 국가사회이건, 항상 진실해야 되는 것이다. 말을 할 때 허풍을 떨거나 깐족거리며 남의 명성이나 인격을 깎거나 줄여서 말을 해서는 안 된다. 이런 허풍선이나 깐족이는 사람은 모두 거짓 증언자이기 때문이다.

예수님은 사람들에 대한 경고로 '여러분은 남이 자신에게 해주었으면 하고 바라는 대로 남에게 해주십시오. 이것이 모세의 율법과 선지자들의 가르침의 참뜻입니다. 여러분 거짓 선지자들을 경계하십시오. 그들은 겉으로는 양의 모양을 하고 여러분에게 나타나지만 속은 사나운 이리와 똑같습니다.'(마태 7장 15절)라고 하였다.

또한 우리들은 쓸데없는 말을 자꾸 떠들어대지 말고 남의 말을 들을 줄 아는 사람이 되어 말 수도 반 이상으로 줄여야 한다. 우선 최소한 한 옥타브는 낮추고 크기와 속도도 반 이상 줄여서 말해야 된다고 한다. 올바르게 말하는 방법으로 십계명의 제 9계명 '이웃에게 거짓 증언 하지 말자.'를 명심하기 바란다.

라. 하나님의 자비

신神 중의 신은 하나님이다. 하나님을 믿고 하나님의 섭리를 따라 사는 것만이 영적 생활을 행복하게 하는 길이다. 올바르게 사는 길은 하나님의 섭리를 무시하면서 돈이나 명예를 좇아 사는 것이 아니라 하나님의 섭리에 따라 살면서 이러한 것들을 올바르게 얻도록 성실히 노력하는 것이다. 하늘의 이치를 따르는 사람, 곧 "순천 자는 흥하고 하늘의 이치에 거역하는 사람, 곧 역천 자는 망하게 된다."라는 사실도 깨달아야 한다.

남에게 자비를 베풀고 이웃을 사랑하는 것이 남에게는 물론 자신의 심신 건강에도 극히 중요하다는 사실이다. 건강한 사람은 일상생활에서 청렴과 정직 곧 염직해야 한다. 그래서 근면, 검소, 염직의 셋은 바로 서구제국을 선진국으로 만든 원동력이었다.

선한 사람은 마음속에 쌓인 선으로 선한 말을 하고 악한 사람은 마음속에 쌓인 악으로 악한 말을 한다. 사람은 마음에 가득 찬 것을 입으로 말하기 마련이다.(누가 6장 45절)

불교의 기본 정신도 사랑, 곧 대자대비大慈大悲이다. 대자란 어떻게 해서든지 남을 돕고 구함으로써 남에게 행복을 더해 주는 것이며, 대비란 어떻게 해서든지 다른 사람의 아픔과 고통을 함께 나누어 불행을 덜어 주는 것이다. 그래서 남에게 해치는 말을 해서는 안 되고 남에게 도움이 되는 말을 해야 한다.

우리는 항상 남을 돕고 세상에 보탬이 될 수 있는 일이 무엇인가를 생각해야 한다. 돈이 아니더라도 친절한 말이나 만날 때 먼저 건네는 따뜻한 인사와 밝은 얼굴 표정, 아픈 사람에 대한 다정한 전화 등 남을 돕는 방법은 너무나 많다.

『불경』의 무재칠시無財七施를 읽으면서 남에게 어떤 것을 베풀 수 있는가를 검토해 보기 바란다. 『불경』에서 남에게 베푸는 것을 보시라고 한다.

첫째 몸으로 봉사 신시身施.

둘째 마음으로 봉사 심시心施.

셋째 따뜻한 눈으로 하는 봉사 안시眼施.

넷째 온화한 얼굴로 하는 봉사 화안시和顔施.

다섯째 따뜻한 말로 봉사 언시言施.

여섯째 안락한 자리로 하는 봉사 상좌시上座施.

일곱째 자신의 방을 양보함 방사시房舍施는 재물이 없어도 할 수 있는 봉사이다. 남에게 베풀기 위하여 성실하게 능력을 키워야 한다.

그런데 하나님을 버리고 이방인들의 우상을 섬기는 사람이 있다. 우상은 사람이 은붙이나 금붙이로 만든 것으로, 입이 있어도 말하지 못하고, 눈이 있어도 보지 못하고, 귀가 있어도 듣지 못하고, 코가 있어도 냄새를 맡지 못하고, 손이 있어도 만지지 못하고, 발이 있어도 걷지 못하고, 목구멍이 있어도 소리를 내지 못한다. 이런 것을 만들고 의지하는 사람들도 모두 그와 같이 될 것이다.(시편 115편 4~8절)라고 말한다.

나무나 돌을 섬기는 것은 헛것을 섬기는 것이다. 내가 잘났다고 내가 최고라고 뻐기며 자신을 섬기는 것도 자신의 능력이나 인격의 발전을 해치는 행위인 것이다. 그래서 우상을 만들어 섬기면 신성모독죄가 된다.

사람은 하나님을 바로 섬길 때 비로소 온전한 인간이 될 수 있는 것이다. 인간의 비극은 하나님을 부정하는 것과 더불어 시작된다고 한다. 남을 크게 해치는 이들은 대부분 하나님을 부정하는 사람들 중에서 나오는 것이다. 가령, 민심은 천심이라고 하는데 천심을 무시하는 정치가들의 종말이 어떻게 되는가를 보라.

십계명은 있는 사람은 항상 사랑의 정신에서 없는 사람들에게 가진 것을 나누어 주어야 된다는 점을 강조하고 있다. 이것은 현대 산업사회가 가장 해결하기 어려운 문제인 분배와 형평의 문제를 사랑의 정신으로 해결해야 함을 강조한다.

그런데 국민들이 일을 적당히 하면서 월급을 받으려고 하거나, 각종 사회복지제도를 교묘히 활용하여 자신이 공헌한 이상의 대가를 국가로부터 받아내려고 하기 때문에 국가가 어려워진다.

그뿐 아니라 국민들을 이간시켜서는 안 되고, 민주사회에서 타협과 소통은 중요한데, 법과 원칙을 무시하는 떼 법이나 허위의식에 야합하거나 굴복하는 것은 바람직한 타협도 소통도 아니다. 상식과 사실을 토대로 타협해야 한다. 개혁과 트집을 착각하는 것은 억지와 문제점을 착각하는 것과 같다. 사회적 갈등과 분열은 정치가 앞장서서 풀어야 한다.

국가 경제가 잘 발전하려면 무엇보다도 국민들의 마음가짐부터 올바르게 바뀌어져야 한다. 유교사상에 젖은 사람들은 독재 성향이 강하여 가정에서나 직장에서나 혹은 어떤 조직체에서든지 이른바 장이 되면 강한 독재력을 행사하려고 한다. 나만 옳다 또는 나만 잘났다고 생각하므로 다른 사람들의 의견을 들으려 하지 않는다. 한국 사람은 토론을 제대로 못한다고 지적하는 외국인도 적지 않다.

3. 결론

자유경제

세계 모든 나라가 지향하게 될 사회는 자본주의 자유경제 체제인데, 이러한 경제사회를 활력 있게 성장시키려면 어떻게 하여야 되겠는가? 한국적 자본주의의 정신을 계발해야 한다. 기업 활동이 번창해야 잘되는 경제인데, 생산자의 삶과 비생산자의 삶, 극대화와 극소화의 근본경제원리 그리고 자본주의 경제에서 핵심적 역할을 하는 가격의 기능 등 자본주의의 경제의 운용에 핵심이 되는 이윤 문제를 어떻게 하는가?

음식물을 몸의 수요에 맞게만 공급하면 병이 생기지도 않을 뿐더러 병이 생기더라도 인체는 자연치유능력을 발휘한다고 하였다. 인간의 경제사회생활에 있어서도 수요에 맞는 공급이 극히 중요함은 물론이다. 그러므로 국민의 수요나 그 변화를 잘 아는 기업가는 대성하고 민심을 올바로 파악하는 정치가는 명정치가가 되는 것이다. 인간 생활에 있어서는 수요에 맞게 공급하는 것이 즉 남이 바라는 대로 해 주는 것이 곧 수요와 공급의 법칙의 핵심으로 『성서』는 이를 황금률이라고 한다. 『불경』의 대자대비사상의 핵심도 바로 이것이다. 여러분은 이웃이나 세상으로부터 무엇을 받기를 바라기 전에 먼저 주는 것부터 배워야 한다. 자본주의 경제는 가치가 황금률, 즉 수요 · 공급의 원리에 맞게 결정되도록 하려는 것이 그 기본사상인 것이다.

경제 황금률. 너희는 남에게서 바라는 대로 남에게 해 주어라.(마태 7장 12절) 먼저 베풀어야 받을 수 있는 것은 인간사회의 법칙이다. 그러나 많은 사람들은 무엇이나 거저 얻으려고 한다. 이것이야말로 커다란 착각이 아닐 수 없다. 노름꾼들은 노름으로, 사기꾼들은 사람을 속여서 거저 돈을 벌어 보려고 하지만 이런 사람들이 세상의 참 부자가 되는 법은 없다.

하나님을 두려워하여 섬기는 것이 지식의 근본(잠언 1장 7절)이라 하였으며, 사람들이 부르는 하나님의 이름은 대부분 지어진 동기와 배경이 있기 마련이다.

여호와는 스스로 존재하는 자, 엘로힘은 전능한 자, 아도니야는 나의 주님, 엘 엘욘은 지극히 높은 자, 엘로이는 감찰하는 강한 자, 엘 사다이는 전능한 자, 엘 오람은 영원한 자 등의 뜻이 있다.

서구 선진 국민들이 『성경』을 열심히 읽을 때는 경제도 힘차게 발전하고 국민의 생활도 건전하고 활력이 넘쳤으나, 성경 읽기를 소홀히 하고부터는 경제는 물론 사회도 침체하기 시작했다고 한다. 『성서』에서 하나님은 사람을 단순하게 만드셨는데, 사람들은 공연히 문제를 복잡하게 만든다.(전도서 7장 29절)라고 한다. 우리는 세상을 너무 복잡하게 만들어 힘들게 한다. 우리는 하나님을 두려워하고 지혜를 얻어야 하는 것이다.

인간의 무한한 가능성은 무의식 세계에 있다고 한다. 무의식은 무한한 능력의 보고이므로 우리가 잠자는 시간에도 무의식 세계는 잠자지 않고 어려운 문제를 해결한다고 한다. 그래서 우리는 항상 고민해야 한다. 이웃이 행복하기를 기도해야 한다.

우리 민족은 성질이 급하여 6 · 25 전쟁 시에도 급하게 후퇴하고, 급하게 공격하다가 무기도 못 챙기고 진격을 했다고 한다. 그래도 우리 민족은 미래지향적이다. 소 팔고 논 팔아서 자녀들 교육을 시키는 것만 봐도 알 수 있다. 마음이 경직된 사람은 늙은 사람이다. 우리는 미래를 위하여 더 가치 있는 일, 더 잘할 수 있는 방법, 새로운 아이디어 창출을 위하여 조직을 개혁하여야 한다. 혁명을 막는 길은 개혁(변화) 밖에 없다. 혁명은 막아야 한다. 혁명은 또 다른 혁명을 낳는다고 한다.

자유중국의 저명한 작가 백양柏陽은 『제왕지사』, 『맨얼굴의 중국사』, 『추한 중국인』에서 "시끄럽고 추하고 더럽고 단결력이 없고 독립적인 판단능력이 없으며, 남을 모함하기를 좋아한다."라고 하여서 자기 나라를 비하하였다고 9년간 옥고를 치렀다. 그에 의하면 "왕조의 폭압에 질려 일어났던 황소, 이자성, 홍수전 등 농민의 반란 지도자들이 권력을 얻으면 부패를 바르게 척결할 줄 알았으나, 오히려 황제보다 더 폭압정치를 펼쳤고 그들에게는 자유, 인권, 민주, 법치라는 개념이 없다시피 하여 미로의 쥐처럼 우왕좌왕하였다."라고 하였다. 이것은 무엇을 이야기하는가? 세계의 모든 역사가 거의 그렇다. 비판하고 저항하던 사람들이 정권을 잡게 되면 결국 자기들이 비판하던 자들과 같게 된다는 것이다.

우리 속담에도 있듯이 "가는 말이 고우면 오는 말도 곱게 마련인 것"이다. 또 그렇게 돌아오게 마련이다. 행복의 제일조건은 심령의 가난함이다.(마태 5장 3절) 탐욕은 버리고 자기의 분수는 지키고 분복分福에 만족할 줄 아는 검소한 생활을 해야 함을 강조한다. 그래서 근면, 검소, 염직廉直의 셋은 바로 서구 제국을 선진국으로 만드는 길이었다. 그러므로 여러분에게 당부한다. 여러분은 무엇이든지 참된 것과 고상한 것과 옳은 것과 순결한 것과 사랑스러운 것과 영예로운 것과 덕스럽고 칭찬할 만한 것들을 마음속에 품으십시오.(빌립보서 4장 8절)

정치와 종교

1. 서론

천주교 정의구현사제단 전주교구의 원로 신부 B씨의 강론이 방아쇠가 되어 불교, 기독교, 원불교 등에서 동조의 성명서가 발표되었다. 각 종파에서는 전체의 뜻이 아니라고 또 다른 의견을 내놓았다. 천주교 평신도회에서는 B씨를 교황청에 고발한다고 엄포성 발언을 내놓았다.

천주교 정의구현사제단은 유신 시대의 혹독한 독재에 맞서 싸운 종교집단이다. 입도 귀도 막고 살았던 시대에 그래도 용기를 발휘한 집단이다. 지금도 그들의 용기에 감사하며 힘을 받고 있다. 그들은 제5공화국에서도 힘을 발휘하였다. 그 결과 직선제를 통한 민주 대한민국이 되면서 정권교체도 이루어졌고 고도성장의 정착으로 경제 강대국으로 가는 길목에 들어서 있다.

그런데 오늘의 과정을 보면서 정치종교라는 말을 생각하게 한다. 그들은 순수한 인권과 민주를 위하여 탄생하였으나 세월이 가고 정권이 교체되면서 권력의 참맛을 보았다. 권력의 맛에 도취되어 새로운 정권창출을 위하여 사생결단의 길을 걷고 있다.

그들의 시작은 정치군인들을 비판하는 데 있었다. 그 뒤에는 투쟁이 뒤따랐다. 이제는 자기들이 정치에 앞서 권력을 행사하려고 정치종교인들이 된 것이다. 정치군인들이 총칼을 앞세웠다면 정치종교인들은 신도들과 이해당사자인 불만세력들을 모아 세력화하여 여론몰이를 하고 나선다. 어차피 그들은 말로 선전하고 행동으로 선동하는 사람들이다. 그러나 지난 역사를 보면 정치군인보다 더 볼썽사나운 것이 정치종교라는 사실이다.

천주교가 로마를 지배하고 있을 적에 중세는 암흑의 시대였다. 수많은 사람들이 종교재판으로 목숨을 잃었으나 누구 한 사람 감히 말하지 못하였다. 신 앞에 양심도 정의도 주눅들었다. 루터의 종교개혁을 통하여 종교의 권력은 무너지기 시작하였다. 그러나 지금도 사제들 가운데 아니 종교인들 가운데는 암흑 시대의 권력을 향유하고 싶어하는 자가 있는지도 모른다.

천주교의 그레고리 7세는(재위 1073~1085) 신성로마 제국(독일) 황제 하인리히 4세 때문에 화병으로 죽었다. 하인리히 4세와의 서임권 분쟁은 역사적으로 너무나 유명하다. 그는 여러 교황 중에서 지적으로 가장 출중했다고 한다. 교황 재직 시 의욕적으로 교회 내부 개혁을 감행했다. 그의 개혁은 위로부터 개혁이었다. 성직매매 금지, 독신주의 엄격 준수라는 엄청난 일을 하였다. 그러나 하인리히 4세와의 분쟁은 두고두고 주목할 대목이다.

하인리히 4세(1050~1106)는 6세에 신성로마제국(독일) 황제로 등극한다. 황제의 라이벌이던 작센지역 제후들에게 끊임없이 시달리던 중 26세 때에 교황 그레고리 7세에게 파문을 당한다. 27세 때에는 알프스성의 성문 앞에서 눈이 오는데 교황에게 이틀 동안이나 무릎을 꿇고 용서를 빈 사건은 역사에 길이 남는 사건이다. 이때부터 하인리히 4세는 철저한 반교황파가 되었다. 30세 때에 독일 제후들의 반란을 평정하고 33세 때에 로마로 진격해서 교황을 시칠리아 섬으로 도망가게 하였다. 이 사건 이전에는 교황의 권력이 황제를 능가하였다. 어쩌면 요즈음 성직자들이 그때를 그리워하는지도 모른다는 생각을 하게 된다.

어찌 정치종교가 서양에만 있겠는가? 우리 역사 가운데 고려 말기 신돈은 '나는 새를 떨어뜨리고도 남았다.'는 말 그대로 절대 권력을 휘두르게 되었다.

신돈의 아버지에 대한 기록은 없고, 옥천사 여종의 아들로 태어났으므로 신분이 낮은 승려였다. 공민왕은 왕비인 노국공주가 죽은 얼마 뒤 신돈을 통하여 외로움을 위로받았다. 그로 인하여 청한거사라는 호와 함께 왕의 사부로서 국정에 참여하게 되었다. 공민왕의 절대 지지를 받은 신돈은 강력한 개혁을 단행하는데 민생을 위한 전민변정도감을 설치하여 토지제도와 노비제도를 혁신했다. 훈구대신이나 공신의 토지를 농민에게 돌려주었으니 농민들은 대환영이었지만 기득권은 강하게 반발하는 상황이 되었다. 공민왕의 신임을 한몸에 받은 신돈은 절대 권력을 휘두르게 되다가 거만해지고, 여자까지 가까이하게 됨으로 이성을 잃고 권력에 도취되게 된다. 신돈은 공민왕에게 음양설을 내세워 천도까지 권유하다 의심을 받자 불안을 느껴 거사를 하려고 하였다. 그 사실이 왕에게 알려지자 공민왕은 신돈과 그 일당을 붙잡아 죽여 버렸다. 신돈의 초창기 참신한 개혁이 성공하지 못하고 막을 내린 것은 절대 권력의 참맛을 보았기 때문이다. 정치는 바로 그런 것이다.

정치성직자들은 진리를 앞세우며 속세를 떠났고 욕망도 버렸다고 하지만 결과는 속세에 몸을 묻고 속세의 욕망에서 벗어나지 못한다. 물론 속세의 연약한 자를 보살피고 위로하는 것이 당연한 임무라서 속세와 인연을 완전히 끊을 수도 없다.

특히 정치적 혼란기에는 항상 종교가 판을 치고 혹세무민으로 선량한 백성들을 골탕 먹인 일이 비일비재하다. 종교나 신앙이나 미신은 같은 맥락에서 공통적이다. 혹세무민하여 세력화하여 권력을 쟁취하고 부를 누리려는 욕망 말이다. 그래서 불교나 기독교는 욕망을 버리라고 말하고 있다. 그러나 종교인들은 말로는 무소유를 강조하면서 실속을 챙기기 위하여 성인들의 가르침에는 눈을 감아 버린다.

2. 본론

성직자는 진실만을 말하여야 한다. 그것도 성도들이 있는 자리에서 말씀을 증거할 때는 말이다. 그들은 그 말을 행동으로 옮겨야 한다. 그들은 또한 원수를 사랑해야 한다. 말만 하고 행동으로 옮기지 못하면 다른 교육자나 연설가에 불과하다. 아니 가장 저질적인 코미디언에 불과하다.

그런데 그들은 이미 고인이 된 독재자(박정희)를 아주 많이 미워한다. 지금도 미워한다. 두고두고 미워한다. 일백 번 고쳐 죽어도 미워한다. 연좌제 폐지를 주장하면서 그들에게는 연좌제를 두고두고 사용한다. 대물림하여 미워한다. 정당한 방법이라도 오직 독재자의 딸이라는 이유 하나로 미워한다. 입만 열면 민주주의가 나오면서 그들에게는 민주주의가 없다. 그들의 민주주의는 자기들의 집권에 있다. 민주적 선거를 통하여 당선된 당선자를 물러나라고 한다. 아니 우리나라 민주주의는 5년마다 다시 투표를 통하여 정권을 바꾸면 되는 것이 아닌가? 그들의 민주주의는 이미 결과를 예측해 놓고 맞지 않으면 모두가 거짓이요 허위라고 위선을 부린다.

화해와 소통을 주장하면서 양심을 속이면서 위기에 처하면 사과는 안 하고 살그머니 빠져나간다. 미꾸라지처럼 빠져나간다. 꽉 잡으면 잡을수록 빠져나가는 것이 미꾸라지다. 그들은 종북이라며 핍박이라면서 빠져나간다. 강압에 의한 고문을 당했다며 빠져나간다. 진실만을 말해야 하는 성직자가 양심을 속이고 법에서 빠져나가려 한다면 사람도 아니다. 성직자는 그만두고라도 인간으로서 최소한의 양심을 가져야 인간이지 않은가?

그들이 사용하는 용어가 종북인데도 종북이라 하면 기분 나빠한다. 아니 기분이 나쁜 것이 아니라 종북으로 낙인찍히는 것이 좋지 않은 것이다. 그들이 사용하는 발언이 이미 종북들이 하는 소리를 따라했다면 뿌리를 의심하게 되고, 그들이 종북의 용어를 처음 시작했다면 당연한 종북의 원조가 되는 것이다.

B씨의 발언을 지지하는 모 성직자는

"사실 사퇴라고 저희가 이야기하는 것은 어떤 의미에서는 의미심장한 이야기일 수 있다. 당장 여기서 끝내라 이럴 수도 있고, 이 엄중한 문제에 대해서 책임감을 느껴라 라는 말씀도 될 수 있다. 참여정부 시절에도 이라크 파병 결정 후 당시 노무현 대통령의 사퇴 요구를 했다. 그래서 부정선거 규탄과 대통령 사퇴를 주장한 전주교구 사제단의 요구를 존중한다. 반대 세력에 대한 탄압으로 일관하는 공포정치의 수명은 그리 길지 않다. 지금이라도 이 모든 것의 책임을 지고 스스로 물러남이 명예로운 일이다. 종북 몰이 중심에 현정권이 있기에 박근혜 대통령의 퇴진을 촉구한다. 지난해 18대 대선은 권력기관들이 조직적이고 불법적으로 개입한 부정선거로 이에 대한 철저한 조사와 법에 따른 처벌이 필요하다."
라고 주장한다. 그러나 성직자의 말이라기보다는 정치인의 숨은 뜻이라고 생각하게 한다.

그들은 무슨 일만 있으면 법대로 처벌해야 한다고 주장하고 불법을 동원하여 준법을 주장한다. 그것도 자기들을 제외한 준법이다. 자기들은 어떠한 잘못도 처벌을 원하지 않는다. 그저 자기들이 법이요, 자기들이 정의인 것이다. 그래서 정의라는 말을 이마에 붙이고 다닌다. 이름도 정의사회인 것이다. 사제단이라는 이름만 가지고 보면 그들보다 정의로운 존재가 없다. 사제가 독재, 유신보다 더 지독한 독재, 사제들의 독재는 그 누구도 그 어느 권력도 도전하지 못하는 철옹성이다. 사제를 비판할 수는 없다. 독재 유신의 비판은 그들이 국민 선동을 위한 수단이라는 것이 입증되었다.

사제단은 북한의 연평도 포격 도발을 비호한 B신부에 대해 비판이 쏟아지고 있는 데 대해 양심의 명령에 따른 사제들의 목소리를 빨갱이의 선동으로 몰고 가는 작태라며 못마땅하게 생각한다. 신문과 방송도 자기들 마음에 맞지 않으면 비판하고 욕설로 난도질하면서 양심의 명령이라고 강조한다. 자기들만이 옳고 이를 비판하면 선동이고 악의적 작태라고 하니 억지도 이만저만한 억지가 아니다. 자기들은 비판을 하면서 비판을 받지 않으려는 태도는 독선도 보통 독선이 아니다. 『성경』에도 분명히 "비판을 받지 아니하려거든 비판하지 마라.(마태 7:1)"라 하였다.

그들이 연평도 포격이나 천안함 격침을 분석하고 판단할 자질이 있는 사람들인가? 평가할 능력도 지식도 없는 사람들이다. 또 개인적으로 있다손 치더라도 사제는 함부로 말해서는 안 되는 것이다. 그들이 신이라고 하면 몰라도 말이다. 그런 사람들이 양심에 따른 명령이라면 하나님의 소리를 들었다고 억지를 부리는 사이비 교조와 다름이 없다. 그러고도 사제의 양심이라고 주장할 수 있는가? 하나님의 계시가 아니라면 선동이요 양의 탈을 쓴 이리 떼에 불과한 것이다.

그들은 옳은 말은 빼놓고 단지 특정 말만 꼬투리 잡아서 비판한다고 야단이다. 그들의 말을 듣자면 시정잡배들이나 하는 언어로 변명을 한다. 서두에서도 말을 했지만 성직은 아무나 하는 것이 아니다. 성직으로 존경을 받는 것은 말에 권위가 있을 때이다. 말에 권위가 떨어지면 그 누구라도 성직을 떠나 인간으로 뿌리를 인정받지 못한다. 성직자는 진실만을 말해야 한다. 진실을 말하지 아니하면 비판뿐 아니라 성토 당함이 마땅하다.

그러면 그들이 1시간 아니라 10시간을 이야기하고서 마지막에 "뻥"이요 한마디에 코미디가 되는 것이다.

수학시간에 배운 이야기다. '게시판에 여러 가지 희망사항을 적어 놓고 마지막에 이 게시판에 기록된 것은 거짓말입니다.' 하면 거짓말이라는 말을 믿어야 할까? 정말 헷갈리는 말이다. 성직자는 이런 말도 해서는 안 된다. 그것도 성직의 자리에서 사제복을 입고서 하는 말은 말이다. 그 말이 공개되어 지탄을 받게 되자 우리끼리 한 말을 가지고 그러느냐 하는 것도 볼썽사납다. 성직자가 일반 사람이 못 듣는다고 함부로 말을 하면 하나님 앞에 어떻게 떳떳하게 설 수 있겠는가? 세상에 하는 말은 상대적이다. 하는 사람이 있으면 듣는 사람이 있는 것이다. 보통 사람은 가슴이 떨려 혼자 있을 때에도 하나님을 두려워하는데 소위 하나님을 모시는 성직자가 부끄러운 이야기를 하고서 책임을 피하려고 양심을 속이는 것은 참으로 할 짓이 아니다. 그래서 대중들에게 책 잡일 짓을 하면 안 된다.

혹세무민을 염두에 두고 했다면 더더욱 안 되는 것이다. 그 말을 부정하는 행동도 손바닥으로 하늘을 가리는 행위로 어리석은 일이다.

미국의 작가이자 신부인 로카스 리스는 "가톨릭 사제는 현실 정치에 관해서 겸손하게 말해야 한다. 현실 정치는 사제의 전문영역 밖에 있습니다. 그들은 신도들에게 현실 정치에서 어떻게 투표해야 한다고 말할 권위가 없습니다."

사제는 양심에 비추어 특정 정당이나 후보의 투표에 영향을 미치는 활동을 해서는 안 되는 것이 성직자의 양심이다. 선거에 관여하는 것은 정치종교인이다.

우리 속담에 "염불에는 정신이 없고 잿밥에만 관심이 있다."는 말이 있다. 요즈음 종교인들의 정치참여는 교묘하게 종교를 이용하기 때문에 보통 국민들은 속을 수밖에 없다. 속세의 어리석은 백성을 구원하고 깨우치는 게 본업이 아니라 그들은 안중에도 없고 직접 권력을 쟁취하려 한다. 아니 권력을 거저 누리고 있다. 권력자를 뒤에서 조종할 수 있기를 바라고 있다. 성직자들이 정치인들을 노리개로 삼으려는 생각은 아닐까? 최고의 권력자를 마음대로 요리하고 싶어한다. 그것은 오로지 권력의 맛을 알기 때문이다.

성직자들이 신도들을 보살피고 가르쳐야 함에도 불구하고 정치판에 나와서 권력자들과 힘겨루기를 하려 한다.

또 속담에 "중이 고기 맛을 보면 절에 빈대가 남아나지 않는다."라고 한다. 성직자들이 정치 맛을 보면 세상에 정치인들이 살아남을 수가 없다. 정치는 목숨 걸고 한다지만 종교인들의 정치는 정치인 이상으로 목숨을 걸고 있다. 신앙으로 위장하기 때문에 수시로 속세법을 넘나들고 있다. 겉으로 보기에는 청렴하고 고귀한 신분이지만 뒤에는 권력이 미치지 못하는 종교 내부에서는 수도 없이 비리를 저지르고 있기 때문이다. 종교인들이 권력에 심취하면 결국 신돈이나 그레고리 7세처럼 정치와 충돌하게 되어 있다. 그래서 종교는 세속을 떠나 새로운 세상을 보여 주어야 속세에서 지치고 분노한 백성들이 위로를 받을 게 아닌가 한다.

3. 결론

인류 역사는 종교의 힘으로 창조해 왔다. 인간은 오랜 옛날부터 종교를 가짐으로써 정신력을 길러 왔고 또 그 정신력은 위대한 창조성을 발현하였다. 이 창조질서를 담당해 온 참다운 종교는 어쩌면 오늘의 세계 안에 존재하지 않는지도 모른다.

인간은 원래 종교적 동물로, '믿음을 창조하는 동물'이기 때문에 아무리 종교를 부정한다 할지라도 종교를 근본적으로 부정하는 것이 아니다. 아니 그렇게 되어 지지도 않는다. 오히려 그것은 어떠한 종교 집단에 대한 거부반응에 불과한 것이다. 참된 세계의 건설이나 성실한 인간의 마음이 보장받는 사회를 바라는 인간의 욕구는 궁극적으로 파고들어가 보면 결국은 종교성에 바탕한 욕구라고 생각한다.

19세기 서구 문명도 종교를 등한시하고 과학을 동반하여 급진적으로 발전함으로 물자주의, 현실주의, 쾌락주의를 합리화하는 방향으로 기울어져 가고, 따라서 지나치리만치 인위적 조작주의가 행해지고 있다. 과학과 종교의 불일치, 목적과 수단을 뒤바꿔 놓은 공산주의의 대두, 지식을 파는 현대적 소피스트, 극단적 향락의 소유자 순세족속順世族屬 등 비종교의 종교화가 우리의 인간사회에서 판치고 있다. 그래서 토인비나 퍼슨과 같은 사람은 19세기 서구에서 대두한 마르크시즘을 기독교가 책임져야 한다고 외쳤다.

현대사회에 있어서 민중들은 기성종교로부터 일탈하려는 현상이 야기되고 있다. 탈종교현상이란 현대종교가 창조적 의지를 상실해 가고 있음을 말하는 것이다. 종교 본래의 사명이 어디에 있는지를 찾지 못하고 성자의 정신만을 팔아넘기려는 종교인들의 행각 때문에 탈종교현상은 초래된 것이다. 오직 나에게 필요한 종교가 따로 있는 것처럼 착각하고 있는 것이다. 여기에서 한 걸음 더 벗어나서 종교는 필요 없는 것으로까지 착각을 하고 있는 것이 현대를 멋지게 사는 것으로 착각하기에까지 이른 것이다.

이에 반하여 아시아 지역의 제 종교들은 인류도덕과 인도주의를 표방하고는 있지만 아직도 자연의 위력에 순종하는 차원을 넘어서지 못하고 있으며 더 이상 인간 혼을 계발할 길을 찾지 못하는 실정이다. 이러한 시대에 유구한 역사를 가진 교파주의 종교가들이 제 역할을 못하고 있다.

현대사회에서 교파주의는 적대관념 투쟁의식만을 조장하고 있으며, 시민사회의 일반윤리마저 마비시키는 현상을 초래하고 있다. 이것은 오히려 인류평화를 해치고 인간의 자유정신에 입각한 창조성을 저해함으로써 인류의 미래를 어둡게 만들고 있다. 기성 종교들은 현재의 상태로 인류의 역사를 담당할 수 없을 것인가에 대해서는 회의하는 입장이다

20세기의 평화주의자 러셀은 『나는 왜 기독교인이 아닌가?』에서 기독교를 창교한 예수 그리스도의 근본정신과 역사적으로 발전해 온 기독교사는 모순되기 때문이라고 역설했다고 한다. 인류의 평화를 위해서 예수는 자기 전부를 희생했는데 그와 반대로 기독교가 들어간 나라에는 전쟁을 도발시키는 모순에 차 있기 때문에 평화주의자로서는 그러한 종교를 믿을 수가 없다고 본 것이다.

종교는 개개인들이 이기적 집념에서 해방되고 남을 위해 봉사하여야 한다고 한다. 또한 나를 낮추어 매사를 양보로써 처리함으로써 나의 삶보다 다른 생명들을 살리겠다는 가치관으로 전환된 인생을 살아야 성직이라고 말한다. 그런데 성직의 경지에 도달한 사람이 남에게 도움을 주고 면담을 하는 선을 뛰어넘고 위로의 기본까지 뛰어넘어 직접 투쟁의 전선에 뛰어들어 대신 싸우고 있다. 그들은 왜 투쟁하는가? 결국 자기들의 욕망을 충족시키기 위함이다. 겉으로는 돈도 가정도 명예도 그들에게 그림의 떡이라고 내세우지만, 정치권력과 맞싸우는 것을 스트레스 해소를 목표로 삼고 있다면 성직을 이탈하는 것이다. 종교 형식을 빌린 정치 집회로 정의를 구현하려 한다면 정치구현사제단이라 하여야 할 것이고, 정치에 지나치게 깊게 개입한 집단으로 간다면 정의구현사기단이 될 수도 있다. 왜냐하면 종교에 집착하는 신도들을 정치에 끌어들여 신앙의 자존심을 망가뜨려 자기들의 권력을 쟁취하려 하기 때문이다.

비록 성직자라 할지라도 정의의 파괴, 권력투쟁의 광기에 빠진다면 부모형제도 몰라본다. 그것은 십자군 전쟁이 증명한다. 그래서 종교와 정치는 분권 원칙을 취하고 있는 만큼 성직자뿐 아니라 위정자들이 어떠한 종교만을 지나치게 긍정해서는 안 된다. 또 그 정치가는 어떤 종교의 신자이기 때문에 문제가 있다면 정치의 종교가 되는 것이다. 결론은 종교를 이용하여 권력을 잡아 휘두르려는 작태가 문제인 것이다.

한국 교회는 죽었다

1. 들어가는 글

한국 교계에는 천주교 김수환 추기경이나 불교의 성철 종정 같은 분이 왜 없을까? 기독교 내외에서 염려하는 생각은 한결같다.

기독교의 위기는 어제오늘의 문제가 아니었지만, 이제 올 때까지 왔다는 말들을 이구동성으로 한다. 총회장이 되기 위한 금권선거는 세상정치권을 방불케 한다. 어쩌면 도가 넘어도 너무나 넘었다고 개탄한다. 교회재단을 사유화하기 위한 세습도 세상 사람들의 수준을 넘은 지 오래다. 결국 돈이 원수이며 사탄 마귀이다.

서울 Y교회 K목사도 마음을 비웠다면 김수환 추기경과 성철 종정을 능가할 인품을 가진 분이었다. 그런데 마음을 비우지 못하고 결국 나락으로 떨어져 세인들의 지탄을 받고 있다. "욕심이 잉태한즉 죄를 낳고 죄가 장성한즉 사망을 낳느니라."(야고보 1장 15절) 그분이 성경 말씀을 모를 리 없다.

한 발 더 나아가면 K목사 개인의 문제가 아니라 성경 말씀을 무시하는 한국 교회가 스스로 위기를 자초하여 죽음에 이르게 된 것이다. 이를 극복하기 위하여 한국 교회가 나아갈 길은 무엇인지 알아보려는 데 그 목적이 있다.

2. 한국 교회 무엇이 문제인가?

한국 교회가 무엇이 문제인지 『기독신문』 2013년 12월 25일(수) 발행 「2013년 10대 뉴스」[주1]를 중심으로 알아보려고 한다. 교단과 교계의 10대 뉴스를 요약하면 다음과 같다.

먼저 교단에는 ① 비대위 속회 총회 ② 제자 · 전주 서문교회 노회 문제로 파행 ③ 세계개혁교회대회 ④ 은급재단 납골당 ⑤ 헌법전면 개정작업 ⑥ 아이티 구호헌금 고발 ⑦ 총신대 신임총장 길자연 목사 ⑧ GMS 면직 선교사 처리 ⑨ 전 총회장 총무 문제 ⑩ 절충형 선거제 실시

다음 교계에는 ① 한기총에서 예장 합동 탈퇴와 이단 해제 ② 신천지 등 이단사이비 대책 ③ 조용기 목사 일가의 문제 ④ 종교인 소득과세 ⑤ WCC부산 총회 ⑥ 법인 찬송가회 ⑦ 교회세습반대운동 ⑧ 교계 시국선언 ⑨ 동성애 옹호 교과서 ⑩ 끝 모를 감리교 혼돈

위 「2013년 10대 뉴스」를 중심으로 분석해 보면 권세와 재정에 관한 문제로 대별할 수 있다. 지면 관계상 세밀하게 분석하지 못하지만 또 그렇게 할 정도로 복잡하지 않으므로 간략하게 정리하겠다.

먼저 교단의 권세에 관해서는 ① 비대위 속회 총회 ② 제자 · 전주서문교회 노회문제로 파행 ⑦ 총회 신임총장 길자연 목사 ⑧ GMS 면직 선교사 처리 ⑨ 전 총회장 총무 문제 ⑩ 절충형 선거 실시, 재정에 관해서는 ④ 은급재단 납골당 ⑤ 헌법 전면 개정 ⑥ 아이티 구호헌금 고발 ⑦ 총신

신임총장 길자연 목사 ⑩ 절충형 선거실시로 나타났다.

다음 교계의 권세에 관해서는 ① 한기총에서 탈퇴와 이단 해체 ② 신천지 등 이단 사이비 대책 ③ 조용기 목사 일가의 문제 ④ 종교인 소득세 과세 ⑤ WCC 부산총회 ⑦ 법인 찬송가회 ⑧ 교계 시국선언 ⑩ 끝 모를 감리교회, 재정에 관해서는 ① 한기총에서 탈퇴와 이단 해체 ② 신천지 등 이단 사이비 대책 ③ 조용기 목사 일가의 문제 ④ 종교인 소득세 과세 ⑦ 법인 찬송가회 ⑧ 교계 시국선언 ⑩ 끝 모를 감리교회로 나타났다.

교계의 ⑨ 동성애 옹호 교과서는 권세와 재정과는 다르다고 분석하겠다. 그리고 권세와 재정 둘 다 해당하는 교단의 ⑦, ⑩번, 교계의 ①, ②, ③. ④, ⑦, ⑩번을 눈여겨보아야 할 것이다. 두 가지가 다 해당되는 항목은 한 가지에 해당하는 것보다 더 심각하다는 것을 누구라도 한눈에 볼 수 있다. 권세와 재정에 눈이 어두워지면 이성도, 법도, 성령도 무시하고 탐욕에 사로잡히게 된다. 하나님의 말씀에 "욕심이 잉태한즉 죄를 낳고 죄가 장성한즉 사망에 이른다."(야고보서 1장 15절)라고 했는데, 그것도 하나님의 보좌가 있는 강단에서 정말 뻔뻔하게 처리하는 것이다. 사람들이 기독교에 실망하는 원인이 여기에 있다. 정말 부끄러운 일이다. '중이 고기 맛을 보면 빈대가 남아나지 않는다.' '염불에는 뜻이 없고 잿밥에만 마음이 있다.'라는 속담이 있는데 교계에도 '목사가 권세 맛을 보면 하나님이 보이지 않는다.' '예배에는 뜻이 없고 헌금에만 마음이 있다.'라는 속담이 생기지 않을까 한다.

가. 돈, 돈, 돈 세상

내가 교회에 나가게 된 것은 초등학교 4학년 때 여름성경학교 때였다. 그리고 신앙생활을 본격적으로 하게 된 것은 고등학교 2학년 때인 1964년부터였다. 그러니까 지금부터 꼭 50년 전 일이다. 학생회를 조직하고 성경공부를 하고, 세례를 받은 것은 다음 해의 일이다. 그다음 해인 1966년 5월 나는 해군에 입대하였다.

이렇게 고리타분한 이야기를 구태여 하는 것은 50년 전에 걱정하던 일이 오늘날 현실로 생생하게 이루어지고 있기 때문이다. 그때 그런 걱정하는 말을 듣고 자란 사람들이 그런 일을 저지르고 있으니 어찌된 일인가?

50년 전 우리는 광복의 기쁨도 잠시 6·25라는 동족상잔의 전쟁으로 초근목피로 연명하고 있었다. 논이 있어도 지을 수 없고, 밭이 있어도 소득을 올리지 못하니 먹을 것이 없어서 쌀 한 가마니에 논을 팔고, 보리 한 가마니에 밭을 팔아 생명을 보존하였다.

그때 기독교는 우리 민족의 소망이요, 위로요, 삶의 활력소였다. 그래서 막노동을 하고도 피곤한 몸으로 예배에 참석하였고, 새벽잠을 줄여 기도를 드렸다. 너무나 힘든 세상에 기독교는 글자 그대로 구세주였다.

기독교인이 되면 글자와 노래를 배워 『성경』을 읽고 찬송을 부르게 되었다. 또한 목사를 통해 새로운 지식과 소식을 접하게 되었다. 특히 '심령부흥회'를 하게 되면 성령받은 부흥강사를 통하여 새로운 소식을 접할 수 있어 예수를 믿지 아니하는 사람들도 예배에 참석하였다. 이 때문에 동네 사람 절반은 부흥회에 참석하였다고 하여도 과언이 아니다. 이때 예수의 행적뿐 아니라 세계의 정세에 대하여 들을 수 있었던 것이다.

여기에서 하고자 하는 이야기가 바로 그것이다. 심령부흥강사의 이야기 가운데 미국이라는 나라는 자동차와 TV, 냉장고, 수세식 화장실 등 새로운 기계와 기술, 그리고 문화생활로 풍족한 나라이면서, 부모에 대한 효도, 가정 생활은 우리와 다르다고 소개하였다. 그들에게는 이기주의와 개인주의가 팽배하여 세태도 각박하고, 이로 인해 신경성 위장병 같은 스트레스 질병도 많다고 했다. 황금만능주의에 갇혀서 돈으로 모든 것을 평가하고 판단하는 그런 사회가 되면 불행하다고 가르쳤다. 그런데 이런 일들이 오늘날 우리 종교계에 만연하고 있어서 안타까움에 이 글을 쓰게 되었다. 돈은 돌고 돌아 머리를 돌게 한다.

나. 세금, 헌금, 면죄부

2013년 12월 25일 (수) 『기독신문』에서 "총회 총무에 성과급 2억 7,200만 원 지급"이라는 기사를 볼 수 있었다. 총회 자산 136억 원을 동양종금 부도에서 안전하게 지켜낸 공로로 2%인 2억 7,200만 원을 지급하기로 했다는 것이다. 정말 대단한 자리이다. 아무리 돈에 눈이 멀어도 헌금을 마구 수입을 잡아도 되는가? 총회라는 곳이 그런 곳인가? 만일 136억 원을 떼였다면 총무가 변상이라도 하겠다는 말인가? 공과 벌은 공존한다. 권리가 있으면 책임이 있다는 말이다. 의무를 하지 않으면 권리를 주장할 수 없는 것이 조직이요 사회다.

교계 10대 뉴스 ④번에서 정부에서 종교 단체도 2015년 1월 1일부터 세금을 내야 한다고 언급했다. 지금까지 종교단체에서는 헌금은 세금을 낸 성도들이 낸 것이라 세금부과는 2중과세라서 반대한다고 했다. 그러나 정부에서는 헌금을 기부금으로 보아 세금 공제 혜택을 주었다. 그런데 종교단체의 무분별한 기부금 영수증 발부로 세금 체계에 혼선을 가져오고 있어 과세하는 것이 정당하다는 주장이다.

종교단체 성직자 중에서도 세금을 내는 것이 정당하다고 생각하고, 또 실제로 내고 있는 종교단체가 많아졌다. 그런데 기독교에서 반발이 가장 심하다. 그것도 대형교회에서, 그것도 가장 큰 보수 단체인 대한예수교장로회 합동총회에서 이단과 세금에 대한 반발이 가장 심하다.

이상한 것은 이 단체에서 금년에 헌금을 납부하지 않으면 치리하겠다는 법을 추진 중이고, 일부 교회에서는 입법하여 시행을 눈앞에 두고 있다. 진짜 황금에 눈이 어두워 한 입으로 두 말을 한다. 한 우물에서 쓴물과 단물을 낸다 한 성경 말씀이 틀리지 않았다.

납세 의무인 세금은 거부하고 헌금인 교인의 납부금(기부금)은 강제한다. 이제 기독교가 갈 데까지 갔구나! 종교 개혁 이전에 사제들은 면죄부를 팔아서 수입을 올렸다. 돈을 모으기 위하여 죄를 면해주는 증서를 발부한 것이다. 그런데 이제는 증서를 팔겠다는 것도 아니고 돈을 안 내면 그 책임을 묻겠다니, 면죄부 판매보다 더 지독한 법으로 인간 이성을 잃어버린 처사가 아닐 수 없다.

이단 문제도 그렇다. 이단, 이단하면서 이단을 척결해야 한다는 취지가 자기들 신자들을 빼가고, 자기들 비리를 폭로해서 입지가 좁아지기 때문이 아닌가 생각된다. 보수단체들은 이단들이 비판하는 내부의 문제, 비리부터 개선해야 할 책임은 묵살해 버리고, 돈벌이로 생각하는 신자들을 이단에 빼앗겨 타격을 입는 것만 염려한다. 한 발 더 나아가 교회 문을 닫거나 빼앗길 위험까지 있기 때문이다. 다시 말하면 중이 염불에는 관심이 없고 잿밥에만 눈독을 들이는 형국이라고나 할까?

이단은 종교지도자들의 문제이고 신자들의 문제는 아니라고 본다. 우리나라는 종교의 자유가 헌법에 보장된 나라이다. 실제로 신자들에게 종교의 선택권을 헌법이 보장하고 있는 것이다. 그런데 종교지도자들은 신자들을 혼란스럽게 하고 있다는 책임을 망각하고 있다. 신자들이 피와 땀으로 벌어 바친 헌금은 하나님의 돈이다. 그런데 어떤 목사는 하나님이 주신 돈이라며 자기 것인 양 아니 주인 없는 돈으로 알고 개념 없이 쓴다. 헌금은 엄연히 하나님의 돈으로 은행에서 빌린 돈처럼 알뜰하게 사용해야 할 것이다.

그러나 작금의 상황을 보면 일부 목사들이 돈에 눈이 어두워 이성을 잃고, 명예와 권세에 중독되어 총회와 노회를 분열시키고 먹칠을 하여 안타깝다. 이번 세월호 참사에서 나타난 것처럼 신앙인이 더 이기주의와 개인주의에 빠져 제 목숨만 생각하고 이웃 사랑은 없어 세인들의 비난을 사고 있기도 하다. 또한 교도소에 가 보면 신앙인이 더 많다고 한다. 다른 종파를 이단으로 칭해 비판하는 대한예수교장로회 합동의 지도자들이 먼저 내부를 돌아보고 사회적으로 지탄받지 않도록 정신을 차렸으면 한다.

3. 한국 교회의 나아갈 길

가. 믿음 소망 사랑

우리는 세상 교회에 대한 진실 두 가지를 기억해야 한다. 세상에 있는 어떠한 교회도 완전한 교회가 없다. 아무리 평판 좋은 교회라도 거짓된 부분이 있다. 세상 사람들이 교회의 모든 활동을 보고, 하나님 나라가 어떤 나라인지 짐작할 수 있도록 교회의 모든 것은 하나님의 나라 생활양식으로 디자인 되어야 한다. 이것이 교회 존재의 당위이다. 그러나 현실 교회는 결코 하나님의 나라를 온전하게 반영하지 못하는 한계를 갖고 있다.

세상 교회는 의로워진 죄인들의 공동체일 뿐 아니라, 가라지가 섞여 있는 공동체이다. 또 온전함을 바라보며 전진하는 도상道上의 공동체이기 때문에 흠이 없을 수 없고, 언제라도 유혹에 넘어갈 수 있으며, 세상성이 잠입해 들어와 기승을 부릴 수 있다. 심지어 세상의 교회는 하나님 나라와 대립하기도 하고, 그리스도 복음의 걸림돌이 되기도 한다.

교회가 교회 되기를 위해 어떠한 노력을 할지라도 교회는 결코 교회됨에 이를 수 없다. 이것은 영원히 부인할 수 없는, 또 부인해서도 안 되는 교회의 구원사적 현실이요, 피할 수 없는 교회의 운명이다. 마치 바닥이 없는 깊은 수렁에서 헤어날 수 없는 구원사적 위치에 놓여 있다는 사실은 절대 변할 수 없다.

때문에 우리는 원하든 원치 아니하든, 이러한 교회의 구원사적 현실을 겸손히 인정하고 받아들여야 한다. 존재의 당위와 존재의 현실 사이의 모순과 간극을 정직하게 인정하고 고백해야 한다. 그렇게 하지 않으면 교회는 교회로 설 수 없다. 왜냐하면 교회의 잠정성과 부정성을 인식하지 못하는 교회는 결코 그리스도의 용서와 은총 앞에 엎드리지 않을 것이고, 그리스도의 용서와 은총에 기대지 않는 교회는 그리스도의 교회일 수 없을 테니까 말이다.

매우 역설적이지만 교회는 자기 긍정이 아니라 자기 부정을 할 수 있을 때 비로소 참된 교회가 될 수 있다. 자신의 의로움이 아니라 자신의 부정不貞함을 고백하고 스스로 부정否定할 수 있을 때, 교회는 교회로서 행할 책무, 즉 하나님의 의로우심과 은혜의 승리를 증언할 수 있게 된다. 교회가 교회의 정당성을 증명하고 변호하면 할수록 교회는 더 깊은 모순과 위선의 수렁에 빠지게 될 뿐, 교회됨을 위해서는 한 걸음도 나아가지 못한다.

"율법이 들어온 것은 범죄를 더하게 하려 함이라. 그러나 죄가 더한 곳에 은혜가 더욱 넘쳤나니."(롬5:20)

바로 이것이 하나님의 통치의 신비, 지혜의 신비가 빚어내는 역설이다. 교회는 바로 이러한 하나님의 신비한 통치에 힘입어 자기 존재의 허물에도 불구하고, 그리스도 복음에 걸림돌이 됨에도 불구하고, 오히려 그런 교회의 정직한 자기 인식과 고백을 통해서 그분의 구원의 역사는 이루어진다.

이와 같이 교회의 자기 인식은 교회의 절망적인 현실에 주저앉지 않고, 다시금 새로운 희망을 향해 일어서게 하는 희망의 원천이다. 본래 그리스도 안에 있는 희망은 절망을 넘어선 곳에 존재하는 희망이고 절망을 보지 못하고서는 볼 수 없는 희망이며, 인간의 희망 위에 선 희망이 아니라 절망 위에 선 희망이다. 하나님을 신뢰하고 믿는다는 것은 다른 게 아니다. 현실의 절망에도 절망하지 않고 그 절망 속에서 하나님이 행하실 새로운 일을 희망하고 기다리는 것이 믿음이다.

때문에 하나님을 믿고 신뢰하는 교회와 그리스도인은 오늘의 교회의 절망을 보고 절망하기보다는 그 절망 속에서 내일의 희망을 보고 그 희망을 향해 일어설 수 있어야 한다. 만일 오늘의 교회의 절망에서 절망 밖에 보지 못한다면 그래서 교회를 내치고 비난하고 등진다면 그 사람은 하나님의 사람이라기 어렵다. 진정한 그리스도인이라면 교회의 추악함과 부정함에도 불구하고 그 속에서 하나님의 희망을 보고 그 희망을 향해 일어설 뿐 아니라 그 희망을 위해 오늘의 절망을 외면하지 않는 사람이다.

결국 그리스도인은 교회에 흠이 있다고 해서 쉽게 거짓 교회라고 단죄하거나 내쳐서도 안 되고, 반대로 교회는 흠이 있을 수밖에 없으니 어지간하면 사랑으로 덮고 교회의 권위에 순복하자고 해서도 안 된다. 완전한 교회는 존재할 수 없다는 이유를 내세워 교회의 오류와 왜곡을 정당화해서도 안 되고, 교회에 흠이 있다는 이유를 내세워 교회를 부정해서도 안 된다.

종교개혁 500주년을 코앞에 두고 루터와 츠빙글리, 그리고 칼빈을 생각하여 본다. 지면관계상 다 거론할 수는 없고, 한국 교회의 대세를 이루고 있는 칼빈은 라틴어와 히브리어에 능통한 사람으로 법률에도 밝았다. 그의 체계적인 성경 연구는 기독교의 근간이 되고 있다. 그는 이론뿐만 아니라 생활 자체를 그렇게 살았다. 그래서 루터나 츠빙글리보다 더 많은 영향력을 끼쳤다. 그의 핵심은 노동과 근검절약이었다. 그렇게 하여 남는 것은 이웃과 나눔을 강조하였다. 그것이 사랑이었다. 그런데 한국 교회의 지도자들의 삶은 어떠한가?

한국 교회가 사는 길은 규정이나 강령을 만드는 데 있지 않다. 많은 사람도 필요 없다. 단 한 사람이라도 제대로 정신이 박혀 있다면 한국 교회는 산다. 그가 누구이든 『성경』대로 행동하는 일이다.

"너희는 이 세대를 본받지 말고 오직 마음을 새롭게 함으로 변화를 받아 하나님의 선하시고, 기뻐하시고, 온전하신 뜻이 무엇인지 분별하도록 하라."(로마서 12장 2절)

나. 주님이 가신 길

교회는 성령으로 말미암아 예수 그리스도와 함께 연결한 자의 집합이다. 진정한 교회는 『성서』를 사용하면서 시작된다. 교회는 하나님 말씀이 선포되고, 성례전이 집행되고, 기도는 공동으로 이루어지는 장소이다.

『성서』는 교회의 근본이요 내적 생을 지어주는 책이다. 하나님의 말씀이 예수그리스도의 인격 안에서 나타나게 하는 책이다. 『성서』는 하나님이 일하신 것을 기록하였다. 창조의 사업, 하나님과 인간 사이의 계약, 구속의 역사가 그것이다.

『성서』는 『구약』과 『신약』으로 나누는데 『구약』은 이스라엘 민족을 통하여 역사한 기록으로 율법이고, 『신약』은 예수 그리스도의 행적을 기록한 복음의 내용이다. 복음은 율법과 크게 다르다. 복음은 복된 소식이 먼저 등장하며 율법을 포섭한 상태에서 이 둘이 통일을 이룬다.

기독교의 신앙은 "내가 믿습니다."로부터 시작된다. 믿는다는 것은 내가 홀로 있지 않다는 것이다. 그래서 신앙은 신뢰이다. 신앙은 다른 의견으로 대치될 수 있는 의견이 아니다.

신앙은 하나님과 사람 사이에 신비롭게 일어나는 한 사건이다. 신앙은 하나님이 열어 보이는 신비이며, 단 한 번의 결단이 문제가 된다. 예수 그리스도의 신앙은 사람이 자유를 얻기 위한 결단이다. 하나님이 인간에게 준 인간의 결단의 자유는 선과 악 사이를 선택하는 자유가 아니라 스스로 선을 실천하는 자유의지이다. 신앙은 말하자면 한 자유요 한 허락이다. 자유는 하나님이 주신 큰 선물이다.

그리스도인은 그리스도를 믿는다고 고백하는 사람이다. 「사도신경」은 신앙공동체인 교회의 공식적이고 성경적인 신앙고백이다. 올바른 신앙고백 이 없다면 그 교회도 올바른 교회가 될 수 없다. 지상의 모든 교회는 이 「사도신경」의 신앙고백 위에 세워져 있다. 「사도신경」은 존재하는 모든 것의 근본이고, 목적인 하나님에 관하여 말한다. 전 우주의 근본과 목적은 예수 그리스도이다.

처음 「사도신경」을 고백하던 신앙인은 사도들이 아니었다. 그 원형은 로마교회에서 고백되고 용납된 내용이다. 현재 본문은 3세기에 생긴 것으로 기독교인들에 대한 박해를 피해 예루살렘 교회가 세계를 향해 흩어져 나가기 시작할 때이다. 「사도신경」은 신앙으로 하나가 되고 신앙적 전통을 지켜 나가기 위해 조항을 만든 것이었다. 그래서 「사도신경」은 기독교의 기본진리를 간단하고도 명확하게 나타낸 신앙의 요약문이다.

「사도신경」은 어떤 사람의 개인적인 신앙 고백문이 아니다. 그것은 결코 개인의 종교적 신념이나 자기중심적 신앙 표현이나 주장이 아니라는 말이다. 사람이 만일 힘 있는 말로 고백하고도 사랑이 없으면 유익하겠는가? 신앙고백은 생사의 고백이다.

「사도신경」 속에 본디오 빌라도가 왜 들어 있는가? 빌라도는 로마 총독으로 예수를 사형선고한 당사자이다. 예수를 죽인 로마가 예수를 섬겼고, 예수는 로마에서 기초를 세웠다. 그래서 기독교가 세계의 종교가 되었다.

하나님은 말씀 밖에서는 숨어 계시다가 예수 그리스도를 통하여 자신을 우리에게 계시하신다. 세상 피조물의 부패가 심히 크므로 그것을 구원하기 위하여서 하나님은 자기의 희생이 아니고서는 도저히 감당하기 어려운 상황이 되었다. 하나님은 무한히 위대하시므로 자신을 버리려고 하시었다. 하나님은 사람이 되셨다. 이 세상을 구하셨다. 이제 하나님은 두 번 다시 사람으로 오시지 않을 것이다. 그래서 예수 그리스도는 외아들이다.

천지창조는 한 번으로 족하며, 예수는 창조가 아니라 동정녀 마리아에게서 탄생하였다. 예수의 탄생으로 여자들의 수난은 끝이 났다. 이제 여성의 시대가 활짝 열리기 시작하였다.

세상을 바꾸는 데는 한 사람이면 족하다. 그는 모든 것을 참고 십자가를 지신 예수의 탄생은 수난의 시대의 예고였다. 예수는 하늘의 사람으로서 땅의 제물이 된 유일무이한 사람이다.

이스라엘 사람 중 어떤 하나가 십자가형을 받았다면 그것은 수치요 저주였다. 죽음은 모든 가능성의 끝이기 때문이다. 그러나 예수의 죽음의 끝이 아니라 부활이라는 또 다른 시작이었다. 다른 말로 하면 하나님은 죄를 말살시켰다.

예수는 일생 동안 울기는 했어도 웃었다는 기록은 없다. 그만큼 세상은 타락하고 죄악 가운데 찌들어 있었다. 심지어 가장 사랑한 베드로의 배신까지 감당해야 했다.

예수는 영원 전에 하나님이 낳으신 자이며, 빛 중의 빛이요, 참 신에게서 난 참 신으로 출생하였다. 그는 하나님 아버지와 동질이시며 그로 말미암아 만물이 창조되었고 우리의 구원을 위하여 하늘로부터 내려오신 분이다.

하나님의 정의는 무엇인가? 하나님의 권력은 하나님 아버지의 정의의 힘이다. 하나님의 힘은 거짓말로 될 수는 없다. 우리가 악이라고 부르는 모든 영역 곧 죽음, 죄, 악마, 지옥 등은 하나님의 창조물들이 아니고 그의 창조에서 제외된 것들이다. 하나님은 지으신 모든 것을 보시니 좋았더라, 했으니 선하지 않은 것은 하나님이 지으시지 않았다. 하나님이 세상을 창조한 목적이 선하신 것이다. 그러므로 세계를 하나님의 영광의 무대라고 칼빈은 일컬었다. 영광은 하나님을 보이게 하는 것이다. 자기는 보이면 안 되는 것이다. 하나님께 영광을 돌리는 길은 자기를 포기하는 것이다.

의로운 자인 예수가 불의한 자인 바라바 대신 죽었다. 이것이 예수의 수난사에서 하나님의 뜻이다. 하나님의 의는 인간에게 이해되지 않고 짓밟히는 곳에서 더 큰 역할을 한다는 확신을 그리스도인이 가져야 한다.

인간은 자기 힘으로는 교만과 생의 불안 속에서 벗어날 수가 없다. 하나님과 나란히 서서 자기도 하나님이라고 주장하는 어리석은 사람을 갈망해서는 안 된다. 하나님이 자기의 형상으로 만들어 놓았다고 해서 어찌 사람이 하나님이 되겠는가?

당신이 아무 공적을 자랑하지 않는 충실한 종이 될 때라야 당신도 자비로워질 것이고, 당신에게 죄지은 자를 용서했을 때에 당신의 행업은 선한 행업 즉 사죄에서 흘러나온 행업이 될 것이다.

기독교의 중심사상은 행동이신 말씀이다. 하나님은 증명될 자(존재)가 아니라 실천할 대상(목적)이다. 예수를 믿는 것은 천국가는 복을 받음이 아니라 하나님이 섭리하시는 차원 높은 가치관을 가지는 것이다.

4. 나가는 글

한국 교회는 이미 죽었다. 죽은 교회에서 새로운 생명을 찾아야 한다. 오늘도 한국 교회에서는 새 생명 축제를 벌인다. 대대적인 행사를 준비한다. 그러나 그 새 생명 축제는 죽은 교회를 살리는 축제가 아니다. 예수의 의를 알리기보다는 자기를 과시하기 위하여 사람을 부르는 일이다. 자신도 구원받지 못하면서 또 누굴 구원하겠는가? 이는 마치 소경이 길을 인도하는 것과 같다. 한국 교회의 살 길은 단 한 사람이라도 세상 사람들이 인정하는 지도자가 나와야 하는 것이다. 미국의 고故 마르틴 루터 킹 목사와 같은 지도자 말이다.

하나님의 의를 실천하는 목사는 「최후의 만찬」에서 돈주머니를 손에 쥐고 있는 가롯 유다를 보았을 것이다. 은 30냥에 예수를 판 가롯 유다는 돈을 던지고 목을 매었다. 돈주머니를 손에서 놓아야 비전이 있다. "목사가 돈주머니를 손에 쥐면 하나님도 무섭지 않다."라는 속담이 탄생하지 않기를 바랄 뿐이다.

세상을 변화시키는 일은 많은 사람들이 필요치 않다. 하나님도 세상을 변화시키는 데 단 한 사람 예수만을 필요로 했다.[주2)] 그래서 예수는 외아들이다. 이제 다시 하나님이 아들을 보낼 일은 없다. 이제 주님이 가르쳐 준 대로 자기의 십자가를 지고 골고다의 험한 길을 우리가 가야 한다. 모든 일이 잘되기를 하나님께 기도하며 글을 마치려 한다.

주1) 2013년 10대 뉴스

『기독신문』1965년 1월 4일 창간 2013년 12월 25일(수) 발행

1) **교단**

① 제97회 총회 파행 이후 거세진 교단 개혁의지는 2013년으로 접어들면서 더 공세를 띠었다. 그전까지 최대한 대화와 협상을 통해 사태를 해결하려 했던 총회 정상화를 위한 비상대책위원회는 더 이상 미룰 수 없다는 판단 아래, 올 한 해 예장 합동은 작년 97회 총회의 연속에 있었다고 해도 과언이 아니다. 유례없던 총회 파행 이후 만들어진 비대위는 활발한 활동 끝에 2월 19일 오후 1시 대전 엑스포컨벤션센터에서 속회 총회를 개최했다. 합법성 여부를 떠나 전국에서 800여 명의 총대들이 한데 뜻을 모았고 전 총회장이 현장에서 사과하기까지 이르렀다. 그러나 그 후 분위기는 급반전되어 결국 6월, 비대위는 해산되고 말았다. 그럼에도 봄 노회에서 총무와 총회장에게 총회 파행에 대한 책임을 묻는 헌의 안이 130개가 넘게 쏟아졌으며, 제98회 총회에서 이 문제를 받아들여 전격 용서를 결정했지만, 총무 문제에 대해서는 팽팽하게 의견이 대립됐다.(비대위 속회 총회)

② 2013년은 개교회 문제들이 큰 관심을 보였다. 우선 '제자교회' 당회 측 성도들의 제98회 총회 현장 강제 점거는 큰 오점을 남겼다. 9월 26일 오전 제자교회 소속 확인을 위한 수습위원회는 활동 경과를 보고하고 제자교회 소속이 한서노회라고 보고했다. 이에 총대들은 난상토론 끝에 제자교회 교인들이 공동의회를 열어 소속노회를 정하도록 최종 결정했다. 이와 같은 결정에 한서노회 소속 결정을 지지하던 제자교회 당회 측 성도 100여 명이 단상을 점거 당일 저녁까지 한나절 이상 정회해야 했다.

'전주서문교회' 설립 120주년을 맞이하는 해에 지역노회로 복귀하는 과정이 매끄럽지 못해 원 소속노회인 삼산노회(구 서북노회)와 마찰이 생겼고, 이는 담임목사를 지지하는 쪽과 장로들을 중심으로 노회 입장을 지지하는

쪽으로 분열을 낳는 불씨가 되고 말았다. 결국 교회는 분열로 번졌고 전주 서문교회 가입문제로 중전주노회마저 상당수 교회가 결별하는 진통을 겪었다.(제자 · 전주 서문교회 노회 문제로 파행)

③ 지난 5월 2일부터 7일까지 대한민국 서울에서 열린 세계개혁교회는 한국 개혁교회 역사에 중요한 전환점이었다. 한국 교회의 70% 이상이 장로교회지만, 올곧게 개혁주의 신학을 신앙의 본질로 선언하고 행동하는 교회는 미약한 상황이다. 이런 현실에서 총회설립 100주년 기념행사의 일환으로 총신대를 중심으로 개최된 세계개혁교회대회는 한국 개혁교회에 새로운 이정표가 됐다. 11개국에서 35명의 해외 석학을 비롯하여 200여 명의 신학자와 목회자가 참석한 명실공히 세계의 개혁교회들이 모인 대회였다.(세계개혁교회대회)

④ 은급재단 납골당 문제에 대해 제98회 총회는 중요한 결정을 몇 가지 내렸다. 부실 매각과 관련해 거액의 손실을 끼친 관련자들에 대해 형사처벌과 민사상 손해배상, 교회법에 의한 동시 시벌을 승인했다. 또 현직 은급재단 이사와 감사 중 부실 매각 등으로 은급재단에 거액의 손실을 끼친 주요결정에 참여한 인사들은 사퇴하거나 해임키로 결의했다. 납골당 사업과 관련해서는 매수인으로부터 잔금을 받고 매각을 마치도록 결의했다. 그러나 총회 이후 매각은 아직까지 이뤄지지 않고 있다. 가장 큰 문제는 매수인이 은급재단이 이미 지급한 5,000여 장의 봉안증서를 다시 줄 것을 요구하고 잔금도 12억 5천만 원을 감액하고 지급하겠다고 나선 데 있다. 여기에 매수인 측은 은급재단을 상대로 민사소송 등을 제기했다.(은급재단 납골당)

⑤ 1933년 전면개정 이후 꼭 80년 만에 헌법 전면개정 작업이 시작됐다. 대한예수교장로회 총회 헌법은 그동안 시대와 상황의 변화 속에서 부분 수정과 개정만 수차례 해 왔다. 다른 교단들은 이미 전면개정을 수차례 진행하며 헌법을 현대 목회와 교회에 맞게 수정해 사용하고 있다.(헌법 전면 개정작업)

⑥ 아이티구호헌금 전용의혹 사건에 대해 총회는 아이티 사법처리전권위원회(위원장 신규식 목사) 차원에서 지난 7월 해피나우 박 모 목사를 형사고발했다. 전권위원회 신규식, 정운주, 김종철 목사 등 3인은 내외의 압력에도 불구하고 본인들이 기소인이 되어 고발을 강행했다. 현재 서울중앙지검에서 참고인 조사가 진행 중이어서 법적 판결을 기다리면 된다. 문제는 애초 전권위원회가 민사고발을 하기로 했던 총회재난구호대책위원회 책임자들과 해피나우 임원 등에 대한 조치는 석연찮은 이유로 지연되고 있다는 것이다. (아이티 구호헌금 고발)

⑦ 총신대학교 제5대 총장으로 길자연 원로목사가 선출됐다. 총신대 운영이사회는 2013년 12월 17일 총장 선출을 위한 회의를 열어, 3차 투표 만에 길자연 목사를 총장으로 선출했다. 길자연 목사는 제1대 총장이었던 김의환 박사에 이어 두 번째 총신 외부 인사로 총장에 선출됐다.

70세 정년이 지나 총회 공직을 맡을 수 없는 규정도, 한기총 문제와 왕성교회 세습 논란에서 비롯된 부정적인 인식도, 칼빈대 총장 재임 시절의 불명예도, 길 목사의 총장 당선을 막지는 못했다. 답답하고 우울하고 화가 치밀어 오른다. 교단에서 파견한 한기총 대표회장이 다락방 이단 해제에 앞장서는데 왜 아무런 제재를 가하지 않는지, 그 인사들이 왜 떳떳하게 활보치고 다니는지, 목회자 은퇴노후연금을 떼먹어도, 지진으로 고통당하는 아이티 사람들을 위한 헌금을 자기 주머니에 넣어도 왜 그렇게 떳떳할까?

총회와 총신대 관계자들은 총장후보추천위원회가 길 목사를 최종 후보군에 포함시킬 때부터 이미 그의 당선을 기정사실화 했다. 20년 가까이 총회정치의 한 축을 감당했던 그 힘을 무시하지 못했다. 이사들은 길 목사의 부정적인 면보다 길 목사를 통해서 얻게 될 유익에 베팅했다. 그 결과 길 목사는 총장선거에 유래가 없었던 2/3 득표를 이뤄냈다. 명분 없는 선출은 돈을 빼고 무엇으로 설명이 가능할까? 아니면 선거권자들이 정신 이상이 되어 규정도 명분도 모르는 바보 천치들이든가 둘 중의 하나이다.(총신대

신임총장 길자연 목사)

⑧ 몇 년간 끌어왔던 총회 세계선교회[GMS](이사장 박우용 목사) 면직 선교사 문제는 현재까지 미해결이다. 면직 선교사들이 사과를 표명하면 즉시 해벌한다는 것을 전제로, GMS이사회 임원은 작년부터 면직 선교사들과 꾸준하게 접촉하며 노력해왔다. 올해 초에는 임원회와 면직 선교사들이 서로 간의 소송을 취하하면서 장밋빛 전망이 돌기도 했지만 별다른 진전이 없었다.(GMS 면직 선교사 처리)

⑨ 한 회기를 뜨겁게 달궜던 제97회 총회 파회 사태의 정점은 정준모 전 총회장과 황규철 총무를 어떻게 할 것인가 하는 문제였다. 제98회 총회는 정준모 목사에 대해서 사과를 받아들여 전격 용서를 결정했다. 그러나 정 목사에 대한 문제는 파회 후 선거관리위원장 선출 건에서 다시 발화됐다. 정 목사가 제98회 총회에서 공직 사양을 시사했고, 어쨌든 물의를 일으킨 데 대한 반성의 의미로라도 선관위원장을 맡아서는 안 된다는 의견이 나왔다. 반면 모든 것을 덮고 용서했으니 정 목사를 위원장으로 선임해야 한다는 주장도 맞서고 있다.

황규철 총무의 사퇴는 다수의 총대들이 자진사퇴를 요구했으나 황 총무의 강력한 이의 제기와 정치권의 옹호로 총회 임원회에 맡겨 처리키로 결정했다.(전 총회장 총무 문제)

⑩ 2000년 제85회 총회에서 전격 결의하고 이듬해부터 실시한 제비뽑기 선거제도가 12년 만에 폐지됐다. 이와 함께 2013년 제 98회기부터 총회 제비뽑기와 직선제의 절충형을 도입하여 총회 임원 선거를 치렀다.

제비뽑기 선거제도는 금권타락 선거를 방지한다는 긍정적인 측면도 있었지만 총회의 리더십이 흔들리고 퇴보한다는 부정적인 여론도 만만치 않았다. 말도 많고 탈도 많던 제비뽑기 제도를 놓고 해마다 직선제로 환원해야 한다는 목소리는 높았으나 쉽게 바뀌지는 않았다. 재적의원 3분의 2 찬성의 총회 선거규정을 개정하는 일이 수월하지 않았기 때문이다. 결국 지난해 총회에서 직선제로 바로 회귀하는 것보다 제비뽑기를 치른 후 최종 2명을 놓고 직접선거를 실시하자는 절충안이 어렵게 통과되어 올해부터 적용하게 되었다.(절충형 선거제 실시)

2) **교계**

2013년 교계는 보수교단들의 세계교회협의회(WCC) 부산 총회 반대운동과 교회세습 반대운동 확산, 동성애 옹호 교과서 반대, 이단 사이비 대책 모색 등 보수개혁신앙을 수호하기 위하여 대사회적 노력으로 빛난 한 해였다.

특히 예장합동 총회를 비롯한 보수교단들은 2013년 한 해 동안 일관되게 WCC 총회에 대한 반대운동을 진행했으며, WCC 총회 개막식 날 부산벡스코 앞에서 2만 5천여 명을 동원해 반대집회를 벌였다. 그러나 한국기독교총연합회는 1월 WCC 한국준비위원회와 WCC 개최에 협력하겠다는 공동합의서를 발표한데 이어, 9월에는 이를 재확인하는 성명을 발표해 논란을 일으켰다.

이에 더해 이단의 신분 세탁소로 변질된 한국기독교총연합회와 조용기 목사 일가의 교회재산 횡령 문제, 기독교대한감리회의 잇단 파행, 재단법인 한국찬송가공회 재정사용 의혹 등으로 한국 교회에 대한 비판이 안팎에서 제기됐다. 또 종교인 과세가 결정돼 찬반 논란이 거셌으며, 국정원 대선 개입 의혹을 둘러싸고 한국 교회가 또다시 보수와 진보로 나뉘어 갈등이 증폭되고 있다.

① 한국기독교총연합회의 최대 교단인 예장합동총회가 드디어 한기총을 탈퇴했다. 2011년 한국 교회연합이란 단체를 조직해, 예장통합, 고신, 백석, 합신 등 주요 교단들이 한기총과 결별한 이래 합동총회마저 탈퇴함으로 한기총은 보수교단 협의체로서 대표성을 완전히 상실했다. 예장합동의 한기총 탈퇴는 사실 지난 98회 총회에서 행정보류를 결정함으로써 예고된 것이기도 했다.

한기총은 교단의 신중한 결정을 비웃기라도 하듯 반성의 계기로 삼지 않고 트러블메이커를 자처했다. 이전까지 원색적인 단어를 사용해 거세게 비난하던 WCC 한국준비위원회 측과 1월 13일 만나 WCC 총회 성공을 위한 공동성명을 발표했다. 10월에는 또다시 WCC 측과 만나 협력을 재확인했다. 보수 신앙의 보수자로 자처하는 듯했지만 정치적 이해관계를 위해 신앙은 아랑곳없다는 식이었다.

1월 14일에는 예장합동 등 10 여개 교단이 이단으로 정죄했던 구 다락방전도협회 류광수 씨를 이단성이 없다고 자의적으로 결론 내려 한국교계에 큰 혼란을 주었다. 8월에는 다락방의 영입에 대해 비판하는 목회자와 교수 200여 명에 대해 민형사 소송을 제기했다. 역시 합동과 통합이 이단으로 결의한 박윤식 씨를 12월 17일 실행위원회에서 이단성이 없다고 결정했다. 이에 앞서 한기총은 박씨와 명예훼손 소송에서 승리한 진용식 목사를 이단으로 몰기 위해 진 목사의 학력 등을 문제 삼았다.

한기총은 앞으로 어떻게 되나? 예장 고신도 탈퇴 고려, 영향력 위상 급추락, 더 이상 대표기구 아니다 선언 필요성 나와, 한국 교회를 아우를 새판 짜야. WCC 총회 때부터 갈라선 교단들이 무슨 면목으로 새판을 짠다고 할까? 새판보다는 각 교단들이 제 갈 길을 가는 것이 나아 보여 새판 짜봐야 그 꼴 날 게 뻔한데, 그 사람이 그 사람인데 무슨 새로운 일이 있을까? 그렇게 모범이 된다면 돈이나 떼어 먹는 교단은 되지 말아야 한다.(한기총에서 예장 합동 탈퇴와 이단 해제)

② 2013년은 이단 대책에 교두보를 마련한 해였다. 그동안 신천지를 비롯한 이단사이비의 치밀한 포교전략에 피해를 입어왔던 한국 교회가 역공을 취해 분위기 전환에 성공했다. 지난 8월 『기독신문』과 한국기독교이단상담소협회, 신천지대책전국연합이 공동으로 전국 67개 신천지 위장교회를 공개한 것이 시발점이 됐다. 예장합동 등 주요 교단 로고 및 교단명 사칭, 정통교단 침투를 통한 신분세탁 등 초법적인 포교를 벌인 신천지의 실체를 드러낸 것이다. 한편 한국 교회가 신천지에 집중돼 있던 틈을 타 세력을 확장하던 하나님의 교회 세계복음선교협회(안상홍증인회)에 대한 제동장

치도 마련했다.(신천지 등 이단사이비 대책)

③ 지난해에 이어 올해도 여의도가 술렁였다. 여의도순복음교회 조용기 원로목사와 그 일가의 교회재산 횡령 사실과 여자문제가 폭로되면서 파장을 몰고 왔다. 여의도순복음교회 장로 29명이 지난해 9월 조 원로목사 일가 비리 의혹을 검찰에 수사를 의뢰하면서 촉발된 사태는 해가 바뀌면서 눈덩이처럼 커졌다. 먼저 올해 초 조 원로목사의 장남 조희준 전 『국민일보』 회장이 자신이 대주주로 있던 넥스트미디어홀딩스의 계열사 엔크루트닷컴 자금 35억 원을 횡령한 혐의로 징역 2년을 선고받았다. 이어 검찰이 조 원로목사를 교회에 150억 원대 손해를 끼치고 35여 억원의 세금을 포탈한 협의로 불구속 기소했다.

또 장로기도모임은 교회 재정 570억 원을 출연해 설립한 사랑의 행복나눔재단(현 영산조용기자선재단)을 조 원로목사 일가가 사유화했고, 조 원로목사가 이사장으로 있는 순복음선교회가 CCMM빌딩을 건축하면서 교회로부터 빌린 990억 원을 상환하지 않았다고 주장했다. 또 장로기도모임은 조 원로목사의 내연녀였다가 배신당했다는 이야기를 담은 정모 여인의 책 『빠리의 나비부인』 내용도 모두 사실이라고 밝히면서 조 원로목사를 궁지로 몰았다.(조용기 목사 일가의 문제)

④ 올해는 반세기 동안 논란이 됐던 종교인 과세가 결판난 해로 기록될 전망이다. 과세 논란은 1968년 국세청의 성직자 과세조사를 시발점으로 이후 교회 내부에서 찬반 논란이 거셌으며 한국 사회에서도 적잖은 파장을 일으켰다. 정부는 10월 29일 정부 서울청사에서 국무총리 주재로 열린 국무회의를 통해 종교인 소득 과세를 위한 소득세법 개정안을 통과시켰다. 통과된 개정안은 공포 후 1년간 준비기간을 거쳐 2015년 1월 1일부터 정식으로 시행된다.(종교인 소득과세)

⑤ 전 세계 140개국 830여 총대를 비롯 5,000여 명이 참석한 세계교회협의회(WCC) 제 10차 총회가 보수교단들의 반대에도 불구하고 예정대로 개최됐

다. 10월 30일부터 9박 10일간 진행된 WCC총회는 한반도 평화선언과 일치, 선교, 정의 평화를 주제로 한 4대 기본문서를 채택했다. WCC 문서들은 보수교단들에서 염려했던 종교다원주의, 용공주의, 개종전도금지주의에 대한 긍정적인 태도를 엿볼수 있게 했다.(WCC부산 총회)

⑥ 재단법인 한국찬송가공회에 대해 충청남도 도청은 지난 4월 법인 취소를 결정했다. 이에 대해 법인 공회는 취소청구소송을 제출했으나 이마저 기각당해 법적으로 법인의 존재는 인정받지 못하게 됐다. 현재 법인의 정당성 여부는 도청의 결정에 불복해서 또다시 공회가 중앙행정심판위원회에 청구한 청구가 진행 중이며 판결을 기다리고 있는 상황이다. 만일 법인 취소가 최종 결정된다면 법인이 제기한 소송 등으로 사업이 위축된 예장출판사의 찬송가 판로가 다시 열릴 것으로 기대되고 있다.(법인 찬송가회)

⑦ 2013년은 교회세습반대운동의 원년으로 기록될 것이다. 물꼬는 한 해 앞서 세습방지법을 통과시킨 기독교대한감리회와 지난해 11월 발족한 교회세습반대운동연대가 텄다. 특히 교회세습반대운동연대는 왕성교회 교회세습반대시위를 시작으로 교회세습 관련 좌담회와 심포지엄, 간담회를 연이어 개최하면서 교회세습 반대 분위기를 이끌었다. 7월에는 교회세습을 완료한 교회 61개와 교회세습 의혹이 짙은 21개 교회 명단을 공개하면서 교회세습 방지에 박차를 가했다. 곧이어 9월 주요 장로교단 총회에서 교회세습반대 홍보부스를 운영하고 호소문 배포와 피켓시위를 진행했다.(교회세습반대운동)

⑧ 보수와 진보의 갈등은 한국 교회의 영원한 숙제인가? 한국 교회가 또다시 두 갈래로 갈라졌다. 국정원 대선 개입 의혹으로 국론이 분열된 상황에서 교회마저 보수와 진보로 나뉘어 갈등을 증폭시키고 있다. 보수권 기독교에서는 국론을 분열시키는 행동이라고 우려하고 있으며, 진보권 기독교는 대통령이 국정원 대선 개입을 책임지고 물러나야 한다고 목소리를 높이고 있다. 국론분열을 함께 염려하고 기도해야 할 한국 교회가 대리전의 양상을

보이고 있는 것이다.(교계 시국선언)

⑨ 2014년부터 일선 학교에서 사용하는 윤리 교과서에 동성애를 합리화시키는 내용이 담기게 될 것이라는 것이 알려지면서, 올 한 해 교계 주요 단체들은 시민단체들과 힘을 합쳐 동성애를 옹호 및 조장하는 내용을 담은 고등학교 도덕교과서 개정 운동에 나섰다. 올해 교육당국의 검정을 통과한 일부 고등학교 윤리 교과서에는 '동성애는 정신병이 아니다.'라는 내용은 물론 '동성애는 의학적으로 정상'이라고 표현하거나, '동성애는 에이즈와 무관하다.'고 기술했다. 이에 한국 교회는 '한국교계 교과서 동성애동성혼특별대책위원회'를 구성해 정부와 교과서 출판사를 압박하고 나섰다.(동성애 옹호 교과서)

⑩ 기독교대한감리회의 한 해를 축약하면 '혼돈'이다. 어느 누구도 예측할 수 없고 곳곳에서는 촌극이 빚어졌다. 2013년 1월 10일 감리교회 수장을 뽑는 선거가 불발되면서 난항을 겪었다. 그러나 선거관리위원회의 무리한 법 적용은 결국 교단 내 특별재판국의 철퇴를 맞아 수포로 돌아갔다. 이어 2월에도 대표회장 선거를 강행하려 했지만, 이번에는 법원에서 막았다. 선거관리위원회의 무리한 법 적용이 또다시 문제가 됐다.

2013년 7월 9일 제30회 총회 감독회장 선거가 실시됐다. 선거인단 7,221명 중 2,624명의 선택을 얻은 전용재 목사가 감독회장으로 선출됐다. 그리고 교단적으로 대각성 집회를 개최하는 등 축제의 분위기를 연출했다. 그러나 감리교회의 평화는 2개월 만에 끝났다. 전용재 목사가 금품선거 시비에 휘말리며 감독회장 자리를 박탈당하고 대행체제로 전환됐다. 뿐만 아니라 11월에 열린 입법의회도 마지막 날 산회되는 등 촌극을 벌였다.(끝 모를 감리교 혼돈)

주2)

소돔과 고모라에 의인 단 10명이 없어서 멸망했다.(창세기 18:32)

마음의 기도

• **아버지의 마음**

세계적인 문호 톨스토이는 "『성경』이 다 없어져도 탕자의 이야기만은 남을 것이다."라고 하였다.

탕자의 이야기는 예수님이 복음서에서 비유로 하신 말씀으로 요약하면 다음과 같다.

아들 형제를 둔 가정이 있었습니다. 작은아들은 머리가 커지자 자기의 몫을 아버지에게서 타 가지고 집을 멀리 떠났습니다. 처음에는 성공을 목표로 하였지만, 허랑방탕한 사생활로 가진 재산을 모두 탕진하였습니다. 그 지역에 흉년까지 들었습니다. 배가 고파 견딜 수가 없어 돼지 키우는 집에 일꾼이 되었습니다. 탕자는 돼지나 먹는 두엄열매로 배를 채우는 신세가 되었습니다. 내 아버지 집에는 먹을 게 많은데 염치가 없어 돌아갈 수가 없었습니다. 몇 번을 망설이다가 아버지를 찾아갔습니다. 탕자가 마을 입구에 다다랐을 때, 아버지가 먼저 알아보고 마중 나와 안아주시고, 좋은 옷을 입혀주시고, 반지를 끼워주시고, 신발을 신겨주시고, 소까지 잡아 동네 사람을 초청하여 잔치까지 베풀어 주셨습니다. 큰아들이 일을 마치고 집으로 돌아오다 이 광경을 보고 아버지에게 항의하였습니다.

“나는 집에서 그렇게 고생을 하여도 염소새끼 한 마리 안 잡아 주시더니, 집을 배신하고 나가 거지가 되어 돌아온 동생은 살찐 소를 잡아 동네 잔치를 베풀어 주십니까?”

아버지는 대답하셨습니다. “내 것이 다 네 것이 아니냐!”

나는 이 이야기를 읽으며 사람은 여러 번 변하며 살아간다는 것을 알았다. 청년 시절에는 집나간 탕자를 미워하는 입장이었다.

중년이 되어서는 집에서 고생하는 큰아들을 이해하게 되었다.

그러다 노년이 되고 보니 아버지의 마음에 공감하게 되었다. 서울에서 취업을 위하여 몇 년째 공부하고 있는 아들을 생각하니 더욱 그러했다. 취업을 하여 돈도 벌고, 집도 장만하고, 결혼도 하여야 할 텐데 세월만 보내는 아들이 밉기도 하고 짜증도 났다. 그런데 입장을 바꾸어 생각해 보니, 나는 탕자의 아버지처럼 재산을 물려준 것도 없고, 잔치도 베풀어 주지 못하는 주제에 어떻게 야단을 친단 말인가? 여기까지 생각하니 나도 모르게 뜨거운 눈물이 두 눈에서 흘러 내렸다.

• 지도자의 가장 큰 덕목

1960년대 우리나라에서 흑백영화가 상영될 때, 미국에서는 안방극장(TV)에 관객을 빼앗기지 않으려고 총천연색 70㎜ 대형 시네마스코프를 출시하였다. 실제 사람보다 큰 스크린에 돌비시스템이 도입된 웅장한 영화관은 1천 석이 넘는 객석에 많은 사람이 몰렸다. 통로와 공간에 입추의 여지없이 가득 찬 관람객은 2시간이 넘는 상영 시간에 땀과 눈물과 피로가 겹쳐 레크리에이션이 아니라 중노동이었다. 그때 만든 「벤허」, 「왕중왕」, 「십계」, 「삼손과 드릴라」, 「쿼바디스」 등은 『성경』을 소재로 한 영화들이다.

「십계」의 주인공 모세는 이집트에서 종살이 하는 이스라엘 민족에서 태어났다. 이집트 왕은 이스라엘 민족에서 반역자가 태어났다는 예언자의 말에 따라 그 시기에 태어난 남자 어린아이를 다 죽이라고 명령한다. 모세의 부모는 너무나 잘생긴 사내아이를 3개월간 숨겨 키우다 갈대 상자에 넣어 나일 강에 띄워 보낸다. 모세를 강에서 건져 키운 사람은 이집트 왕의 딸이었다. 궁중에서 40년간 성장한 모세는 후계자의 물망에 올랐다.

모세가 민정을 살피던 어느 날, 이집트 관리가 이스라엘 노예를 핍박하는 것을 보고 참지 못하여 때려죽이고 만다. 살인죄를 저지른 모세는 물한 가죽부대와 떡 몇 덩이를 가지고 사막으로 추방당한다.

미디안 광야에서 목숨을 건진 모세는 목동이 되어 결혼한다. 모세가 80세가 되던 해에 타지 않는 불꽃을 발견하고 시내산에 오르게 된다. 여호와 하나님은 모세에게 이스라엘 민족을 구원하라고 명령한다. 모세는 눌변과 무능력 등 여러 가지 이유를 들어 이집트에 가지 않으려 하지만 여호와는 초능력으로 자신감을 심어 주고 가게 한다.

모세는 이집트 왕 앞에 당당히 맞서 이스라엘 민족(장정만 60만 명, 어린아이까지 200만 명으로 추정)을 이끌고 홍해를 가르고 탈출에 성공한 후, 40일간의 금식기도로 십계명을 받아 통치한다. 광야에서 만나와 메추라기로 백성을 먹이고, 바위에서 생수를 솟아나게 하여 마시게 한다. 뱀에게 물려 죽게 된 백성을 놋뱀을 만들어 치유케 하고, 아말렉과의 전쟁에서는 모세가 손을 들면 아군이 이기고 내리면 적군이 이기는 상황에서 아론과 훌이 모세의 양팔을 지탱하므로 이기게 된다. 그러나 모세는 젖과

꿀이 흐르는 가나안에 들어가지 못할 것을 알고 여호수아를 후계자로 삼는다. 모세는 120세에 수를 다한다.

우리는 지난 5년간 지도자가 얼마나 중요한지 뼈저리게 느꼈다. 전 세계의 경제가 어려워지고 있다. 그래서 경제 대통령을 뽑아 취임식을 마쳤고, 곧 국회의원 선거가 치러진다.

우리는 지도자의 덕목을 모세의 삶에서 찾을 수 있다. 그는 백성을 먹이고, 마시우고, 병을 고치고, 전쟁에서 승리하고, 후계자까지 깔끔하게 마무리지었다. 모세는 병법가요, 의술가요, 저술가요, 입법자요, 제사장이요, 선지자였다. 그러나 이보다 더 중요한 일이 있으니, 우상숭배로 여호와를 배신한 이스라엘 민족을 진멸시키려 할 때 모세는 간구한다.

"이제 그들의 죄를 사하시옵소서! 그렇지 아니하시오면 원하건대 주께서 기록하신 책에서 내 이름을 지워 버려 주옵소서.(출32:32)"

우리가 원하는 지도자의 가장 큰 덕목은 백성을 보호하려는 살신성인의 마음이다.

• 말씀과 음식

설날만 되면 음식 걱정이 된다. 먹을 것이 없을 때는 대가족이 모이는 명절은 부담이 된다. 제사 모실 음식을 격식에 맞추어 내야 하기 때문이다. 과일과 다과와 메와 떡이 그것이다. 제사상에는 산해진미를 차려야 한다. 흥을 돋우기 위하여 곡주도 준비해야 한다. 그래서 옛말에 "없는 집 제사 돌아오듯 한다."라고 한다. 제사 모시는 데 얼마나 힘이 들었으면 이런 속담이 있겠는가? 웬만한 집은 큰 일 몇 번 치르면 살림이 거덜난다. 빚을 지게 되면 헤어나지 못하여 가족이 뿔뿔이 흩어지고 심지어 종으로 팔려가기도 하였다.

그런 명절이 어느 때부터인지 음식에 대한 갈등이 생겨났다. 제사음식을 먹으면 안 된다는 말이 있었기 때문이다. 가정이 망할 정도로 걸게 차린 상의 음식을 먹지 말라는 말은 이해가 된다. 허례허식으로 가정뿐 아니라 나라까지 황폐하여지기 때문이다. 당연히 분수에 맞는 생활을 하고 조상을 모셔야 한다. "뱁새가 황새를 따라 가다 가지랑이 찢어진다." 했다.

그렇게 가난했던 우리나라가 선진국 대열에 머리를 내밀게 되었다. 이제 음식에 대한 생각을 달리해야 한다. 옛날 어려운 시기에 한 가문이 먹던 고기를 오늘날은 한 가족이 먹어 버린다. 한 달 먹을 식료품비를 한 끼의 외식으로 날려버린다. 물론 지금도 어렵게 사는 분들이 전혀 없는 것은 아니다. 그렇지만 지금 보편적인 이야기라고 공감을 부탁한다.

오늘날에는 제사 음식을 준비하지 않을 뿐 아니라 조상을 모시는 마음조차 없어졌다. 관심조차 희미해졌다. 아니 가문 자체를 포기하고 있다. 가문만 아니라 가정도 꾸리지 않으려 한다. 가정이 있다 해도 자식 두기를 거부한다. 자식을 부담이나 주는 거추장스러운 존재로 생각한다. 자식의 소중함을 모르는 것이야 그렇다 쳐도 부모의 귀중함도 잊었다.

예수님은 우리에게 부모를 남처럼 보라는 말은 없었다. 예수님은 운명 직전에 사랑하는 요한을 불러 어머님을 직접 부탁하였다. 우리는 예수님의 마음을 명확하게 알아야 한다. 예수님의 마음을 『성경』을 통하여 알 수 있다.

어느 날 예수님께서 병자를 고치고, 죽은 자까지 살리는 이적을 베풀었습니다. 그런 예수님을 마르다라 하는 여인이 집으로 초대를 합니다. 마르다에게는 마리아라는 동생이 있었습니다. 마리아는 예수님 무릎 가까이 앉아 재미있는 말씀을 경청합니다. 마르다는 속이 상했습니다. 언니는 주방에서 예수님을 대접하려고 음식을 만드느라 분주한데, 철없는 동생은 이야기나 듣고 놀고 있으니 말입니다. 마르다는 참다못해 예수님에게 부탁합니다. "예수님! 제 동생을 음식 만드는 도우미로 제게 보내 주시면 어떨까요?" 예수님의 대답은 간명합니다. "네 동생 마리아는 너보다 더 중요한 일을 한다. 먹을 음식보다 듣는 말씀이 더 중요하다. 음식 만들기가 힘이 들면 한 가지만 있어도 족하다."

나는 예수님께 이의를 달았다. "예수님! 고생하는 언니를 도와주어야 할 동생하고 노닥거리면 되나요?"하고. 그런데 그게 아니었다. 우리는 지금도 먹는 데 너무나 신경을 많이 쓴다. 먹는 것은 사람이 활동하는 데 필요한 에너지만 공급하면 되는 것이다. 맛있는 것을 찾아다니며 포식하는 것은 먹기 위해 사는 것이다. 우리가 이 세상에 사는 것은 주님의 말씀대로 살기 위해서이다. 그래서 먹는 것보다 진리를 따라 가는 것이다.

설날에 음식을 먹지 않더라도 조상을 모시는 마음만은 더 강조되어야 한다. 제사를 드리지 않는다는 이유로 부모께 대한 효까지 버리는 일이 없었으면 한다.

• 규정보다는 감사

새해벽두부터 각 기관 정기총회가 봄철 노회를 앞두고 열렸다. 정기총회가 열리면 어김없이 회칙 개정이나 해석으로 문제가 발생한다. 시간의 제약을 받는 회의는 회칙 문제로 한두 시간이 훌쩍 지나간다. 꼬리에 꼬리를 무는 설전이 오가다 보면 회의 참석자들은 왕짜증에 시달리고, 회의 분위기 또한 서먹서먹해진다.

정기총회는 회장 및 임원을 선출하기에 회칙에 대한 관심이 높은 것은 당연하다. 문제는 수년에서 수십 년 무난하게 운영되어온 회칙을 들추어내는 이유는 무엇일까?

그 답은 『성경』 복음서(누가 17 : 11~19)에 있는 예수님 이야기를 보면 된다. 예수님께서는 병자를 고치시고, 오병이어의 이적을 베풀어 주셨다. 그래서 많은 사람들이 예수님 뵙기를 원했다.

한번은 예수님이 예루살렘으로 가는 길에 사마리아와 갈릴리 사이에 있는 마을을 지나게 되었다. 그때 한센병자 10명이 멀찍이 서서 큰소리로 가로되

"예수 선생님! 우리를 긍휼히 여기소서!" 하는지라, 예수님이

"가서 제사장들에게 너희 몸을 보이라!" 말씀하셨다.

그들이 제사장에게 보이러 가는 도중에 깨끗함을 받았다. 그중 사마리아에 사는 한 사람이 자기가 나은 것을 보고 큰소리로 하나님께 영광을 돌리고 즉시 돌아와 예수의 발아래 엎드려 감사感謝하였다.

예수께서 그에게 묻기를 "열 사람이 다 깨끗함을 받았을 텐데 그 아홉은 어디 있느냐? 이 이방인 외에는 하나님께 영광을 돌리러 돌아온 자가 없느냐?" 하셨다.

그러나 돌아오지 않은 아홉 사람은 예수님의 명령을 충실하게 지키기 위하여 제사장에게 갔을 것이다. 그것을 모를 리 없는 예수님은 왜 책망하였을까? 예수님은 규정을 지킨다는 명분으로 감사를 소홀히하는 사람을 책망하셨다.

예수님이 가장 싫어한 사람은 남에게 보이려고 금식하고, 기도하고, 행동하는 바리새인과 율법학자들이었다. 그들은 이유만 대고 하나님이 주신 사람다운 성품을 드러내지 않았다. 우리는 하나님의 영광을 드러내는

사명을 받았다. 그러려면 좋을 일이나 궂은일이나 모든 일에 감사해야 한다. 기독교는 구복의 종교가 아니라 감사의 종교이기 때문이다.

• 샬롬의 기도

샬롬은 평화(peace)를 의미하는 히브리어이다. 샬롬은 만날 때나, 헤어질 때 축복을 비는 인사말로 사용하기도 한다. 샬롬은 영어로 "hello!", 나 "good by!", 그리고 우리말로는 "안녕하세요!" 정도에 해당한다. 『성경』에서는 남에게 샬롬을 빌어 주도록 명령하고 있다. 이것은 상대방에 대해 축복을 비는 마음이다.

샬롬은 『성경』에서 여러 가지 뜻으로 사용되고 있는데, 그중에는 전쟁이 없는 평온한 상태를 의미하기도 한다.

전쟁은 인명피해뿐 아니라 재산과 자연환경까지 파괴한다. 전쟁은 패배자만 피해를 보는 것이 아니라 승리자라 할지라도 피해를 보는 것이다. 그래서 전쟁이 없는 평화의 시대, 즉 샬롬을 원한다. 평화 시대는 시냇가에 심은 나무가 시절을 따라 열매를 맺으며 그 잎사귀가 마르지 아니함과 같다.

샬롬은 하나님이 창조하신 모든 것을 뜻한다. 곧 소와 양과 새와 바다의 물고기와 우주만물이 다 하나님이 말씀으로 만들었기에 그 아름다움이 더한다. 그래서 평화의 시대를 '신의 영광이 하늘을 덮었다.'라고 이야기한다.

전쟁은 인간의 생명이 시작된 이래 끊임없이 일어났다. 전쟁의 원인은 사소한 명예와 권태에서 시작된다. 군주가 체면을 유지하기 위하여 전쟁을 일으키고, 또 사는 것이 무료해서 말도 안 되는 전쟁을 일으키기도 한다.

전쟁이 이 땅에 없다는 생각은 매우 위험한 일이다. 평화의 시대에 착각하기 쉬운 것은 평화가 계속된다고 믿는 것이다. 평화는 지키는 것이지 저절로 굴러들어오는 것이 아니다. 많은 사람들이 샬롬 정신으로 철저하게 준비하지 않는 한 전쟁은 영원히 멈추지 않을 것이다. 스피노자는 '평화스러울 때 위기를 생각하라. 평화란 싸움이 없는 것이 아니고 그것은 영혼의 힘으로부터 생기는 미덕이다.'라고 말하였다.

샬롬은 번영과 성장을 의미한다.

평화는 언제나 아름답다고 하였다. 평화는 나라를 키우는 유모이며, 예술의 보모라고 한다. 평화는 힘의 자손이며 우리의 이상이다. 마음의 평화는 아무것도 바라지 않는 데 있다.

아름다운 평화도 전쟁에 의하여 멸망한다. 평화는 다시 말할 필요도 없이 복잡한 것이고, 불안정한 것이고, 위협당하고 있는 것이다. 그래서 우리는 전쟁을 막는 것보다도 평화를 지켜내기가 더 어렵다.

평화가 오면 국민들은 행복해지지만 사람들은 나약해져 도와주기만을 기다린다고 한다. 사람들은 누구나 행복을 추구한다. 평화야말로 이 세상에서 행복에 가장 가까워지는 최단의 지름길이다. 그렇다고 평화는 천국의 원시 상태도 아니고 합의에 의해서 정하여진 공동생활의 한 형태도 아니다. 우리의 평화는 다른 나라가 평화롭지 아니하면 보장되지 않는다. 이 세상은 전쟁도, 자유도, 평화도, 행복도 서로 결합되고 모두 연계하고 있음을 알 수 있다.

샬롬은 하나님이 백성에게 주는 축복의 언약이다.

샬롬은 하나님과 이웃과의 관계에서 모든 계약 조건을 다 이행했을 때에 주어지는 평화이다. 그러므로 샬롬은 하나님과 이웃 간의 관계가 올바르게 되고, 공의와 진실이 행하여져서 건강한 사회를 이루는 것을 말한다.

하나님께서는 아침에 백성의 소리를 들으시면, 저녁에 어김없이 평화를 주시는 완벽하신 분이다. 하나님은 마음이 정직한 자를 구원하시고 보호하신다. 하나님은 정직하게 행하며 공의만을 실천하고, 마음으로는 진실만을 말하며, 혀로는 남의 허물을 드러내지 아니하고, 이웃에게 악을 행하지 아니하며, 이웃을 비방하지 아니하며, 무릇 의인의 길만 걸어가신다.

하나님은 겸손한 자의 소원은 다 이루어 주신다. 그들의 마음을 읽으시고, 그들의 말에 귀 기울여 들으신다. 하나님은 고아와 억압받는 자를 위하여 강자를 심판하시고, 세상에 속한 자가 다시는 선한 자를 위협하지 못하게 하신다.

하나님께서는 가난한 자의 부르짖음을 잊지 아니하시고, 가련한 자들의 눌림과 궁핍한 자들의 탄식도 기억하신다. 그들이 원하는 안전한 지대에 안착시켜 주신다. 하나님은 백성들을 눈동자같이 지키시고, 날개 아래에 감추어 보호하여 주신다. 하나님은 사랑이시며, 반석이시며, 요새이시며, 우리를 건지시는 구주이시며, 평화의 생명 줄이다.

하나님이 주시는 완전한 샬롬은 우리들의 세상에서는 찾아볼 수 없다. 완벽한 샬롬은 오직 예수 그리스도를 통해서만 이루어진다. 그래서 우리는 예수 그리스도를 '인류에게 샬롬을 가져다 줄 평화의 왕'이라고 부른다.

성경 말씀에 '내가 그 땅에 평화를 줄 것인즉 너희가 누울 때 너희를 두렵게 할 자가 없을 것이며, 내가 사나운 짐승을 그 땅에서 제할 것이요. 칼이 너희의 땅에 두루 행하지 아니할 것이며, 좋은 소식을 전하며 평화를 공포하며 복된 소식을 가져오며 구원을 공표한다. 그가 찔림은 우리의 허물 때문이요 그가 상함은 우리의 죄악 때문이라! 그가 징계를 받으므로 우리는 평화를 누리고, 그가 채찍에 맞으므로 우리는 나음을 받았도다.'

여기서 그는 인류를 구원하실 예수 그리스도를 가리킨다. 예수는 샬롬을 가져오신 분으로 화평이다.

샬롬의 첫째 요소는 화해이다. 이방인과 유대인간의 막혔던 담을 허시고, 그들을 그리스도 안에서 새 사람으로 만들어 평화를 이루게 하신다. 평화를 막는 담은 종교의 장벽, 인종의 장벽, 문화의 장벽, 빈부의 장벽, 지역의 장벽, 지식의 장벽 등등이 있다.

예수는 샬롬이다. 예수의 산상수훈은 샬롬의 선포이다.

"심령이 가난한 자는 복이 있나니 천국이 저의 것임이요. 애통하는 자는 복이 있나니 그들이 위로를 받을 것임이요. 온유한 자는 복이 있나니 그들이 땅을 기업으로 받을 것임이요. 의에 주리고 목마른 자는 복이 있나니 그들이 배부를 것임이요. 긍휼히 여기는 자는 복이 있나니 그들이 긍휼히 여김을 받을 것임이요. 마음이 청결한 자는 복이 있나니 그들이 하나님을 볼 것임이요. 화평(샬롬)하게 하는 자는 복이 있나니 그들이 하나님의 아들이라 일컬음을 받을 것임이요. 의를 위하여 박해를 받은 자는 복이 있나니 천국이 그들의 것임이라."

샬롬은 평화를 사랑하는 것만으로 충분하지 않다. 왜냐하면 산상의 교훈이 축복을 줄 대상은 평화를 창조하는 사람들이기 때문이다. 발레리는 '평화란 그 과정이 창조와 사랑의 행위들로 이루어진 싸움이다.'라고 말한다.

12월은 예수 그리스도가 탄생한 성탄의 달이다.

“지극히 높은 곳에서는 하나님께 영광이요, 땅에서는 하나님이 기뻐하신 사람들 중에 평화(샬롬)로다.” 천사들이 말을 하고 하늘로 올라가니, 목자들이 이야기한다.

“이제 베들레헴으로 가서 주께서 우리에게 알리신바 이루어진 일을 보자. 찬송하리로다. 주의 이름으로 오시는 왕이여 하늘에는 평화요 가장 높은 곳에는 영광이로다.”

샬롬은 우리의 간절한 소망이며, 전 인류의 절실한 희망이기도 한다. 샬롬은 믿음과 이해의 기초 위에 세워지는 세계이다. 샬롬은 인간의 존엄성과 인간이 가장 소중히 여기는 자유와 정의에 대한 꿈을 이루기 위하여 헌신 봉사하는 세계이다. 오늘날 이 기회에 더 나은 세계가 과거의 피와 살육의 전쟁을 씻어내고 번영이 이루어지기를 바란다. 우리 다함께 이 세상에 진정한 평화가 찾아오고, 이 평화를 영원히 보장하여 주시라고 하나님께 기도합시다.

지구의 종말

1. 서론

종말에 대하여 글을 쓰려니 제목이 문제가 된다. 모든 것은 시작이 있으면 끝이 있기 마련이니까 종말은 진리라 할 수 있다. 그러나 내가 생각하기에는 우주에는 종말이 없을 것 같다. 우주가 완전히 사라지는 종말은 인간의 머리로는 도저히 상상할 수 없다.

그렇다면 인간의 종말은 어떠한가? 인간이야 길어야 백 년이니까 우리가 수없이 확인하는 죽음이 종말이다. 그러면 지구의 종말이란 무엇인가? 지구의 종말이란 지구 자체가 폭발하여 산산이 부서져 완전 분해가 되든지 아니면, 블렉홀에 흡수되어 흔적도 없이 사라져 버리는 것을 의미하는 것일까?

초기 종말론에 대하여 인간이 다루기 시작한 것은 종교적인 문제였다. 인간은 죽음이 너무나 허무하다는 생각에 새로운 삶을 생각하게 되었고, 그에 따라서 내세를 준비하게 되었다. 오늘보다는 내일을 더 나은 삶을 살려고 노력했고, 이생보다는 저세상에서 더 아름다운 꿈을 꾸고 싶어하였다. 그러한 생각들이 하나의 신념이 되었고, 많은 사람들의 공감을 얻음으로서 신앙이 되었으며, 그것들이 체계화됨으로써 종교가 된 것이다.

원래 종말론은 유대교와 그리스도교에서 인류가 최후에는 파멸을 맞이한다는 종교 사상이었다. 『구약성서』와 『신약성서』 모두 하나님의 뜻을 거스르는 죄악이 넘쳐나서 이 세상은 멸망하고, 정의가 실현되고 도덕과 물질이 갱신되는 새로운 세상이 열린다는 구원의 역사를 담고 있다.

전통적인 종말론이란 역사의 종말에 대한 이론, 즉 마지막에 일어날 일들에 관한 교리를 말한다. 다시 말하면 예수그리스도의 다시 오심(재림)은 모든 죽은 자들의 부활로 최후의 심판 등 세계사의 마지막에 일어날 일들에 대한 이론을 말한다.

기독교의 종말론은 본래 『구약성서』 역사의 마지막 단계에 나타나는 「다니엘서」와 같은 묵시문학으로부터 유래한다. 『구약성서』의 묵시문학가들은 묵시를 통하여 장래에 일어날 세계사의 과정과 세계사의 마지막에 대한 하나님의 계획을 교시받았다라고 말한다.

다빈치의 작품 이름이기도 한 '최후의 심판'은 바로 묵시문학으로부터 유래한다. 즉 역사의 종말이 오면 전쟁, 홍수, 지진, 전염병 등의 재앙이 발생하여 모든 죽은 자들까지 무덤에서 나와 하나님의 심판을 받는다는 것이다.

2. 본론

가. 몰트만의 종말론

몰트만은 1926년 4월 8일 함부르크에서 태어났다. 제2차 세계대전에서 영국의 포로가 되어 수용소 생활을 하였다. 1971년에는 그의 저서 『희망의 신학』으로 인하여 이탈리아 정부의 국민으로서 최고 문화상을 수여받았다. 1971년에는 한국에 1주일간 머물면서 학술강연회를 가지기도 하였다.

몰트만에게 영향을 준 사람은 베버의 종말론이다. 그의 견해에 의하면, 기독교가 말하는 세계의 종말이란 세계사의 마지막에 올 어떤 초자연적인 신비스러운 것이 아니라, 오히려 현재적인 것이다. 그래서 몰트만 신학의 출발점은 기독교의 종말론에 대한 새로운 이해에 있다.

"하나님이 있느냐? 너의 하나님은 어디에 있느냐?"

"세상만사 헛되다. 사람이 하늘 아래서 아무리 수고한들 무슨 보람이 있으랴!"

하나님이 없는 인간의 악한 현실을 몰트만은 제2차 세계대전 속에서, 그리고 포로수용소 안에서 현실적으로 체험하였으므로

"하나님이 없는 이 세계 속에서 어떻게 하나님이 이 세계의 주가 되실 수 있으며, 이 세계를 다스리는 분으로 인식될 수 있겠는가?"

하는 이 문제가 신학의 중요한 출발점이 된 것이다.

지금 존재하고 있는 사회를 변화시키고, 변혁시켜나감으로써 하나님께서 다스리시는 새로운 세계로 형성시켜나가고자 하는 헤겔 철학의 관심이 몰트만의 신학에 영향을 주었던 것이다. 또 기독교의 종말론을 사회윤리학적 차원에서 해석하는 몰트만의 신학적 입장은 무엇보다도 볼프로부터 유래한다.

역사에 있어서 왜 의로운 자는 고난을 당하는 반면 불의한 자는 행복하게 사는가? 만일 세계사가 이렇게 끝난다면 어떻게 하나님은 의로운 분이라고 말할 수 있겠는가? 이 질문에 대하여 묵시문학자는 이렇게 답변한다.

"너는 왜 미래를 보지 못하고 현재만 보느냐?"

묵시문학은 인간의 눈으로 볼 수 없는 숨어 계신 하나님이 자기의 베일을 벗겨서 자기가 누구인가를 보여준다는 것이다. 그리하여 예수 그리스도는 참 하나님, 하나님의 하나님, 빛의 빛, 육신이 된 로고스, 하나님과 동일한 본성 등으로 표현되었다.

바르트의 견해에 의하면 하나님을 안다는 것은 하나님의 뜻에 따라 행동하는 것을 뜻한다. 예수는 모든 인간이 본받아야 할 모범적인 신앙 모델이 된다. 신앙은 내세의 천계를 바라는 것이 아니다. 그리하여 구체적인 현실을 외면하거나 이 세계로부터 도피하는 것이 아니라 예수 그리스도 안에 계시되었고, 약속된 하나님의 세계를 추구하는 것이다. 신앙이 희망으로 전개될 때 신앙은 조용하게 되는 것이 아니라 움직이게 되고, 참게 되는 것이 아니라 참지 못하게 된다. 오히려 주어진 세계와 타협할 수 없어서 세계로 인하여 고난을 받기 시작하며 이 세계와 모순되기 시작한다. 하나님과의 평화는 이 세계사의 불평화를 뜻한다.

기독교는 이 세계가 지금 존재하는 상태로 존속하도록 혹은 지금 존재하는 상태로 보존되도록 봉사하는 것이 아니라, 오히려 자기를 변화시키고 그에게 약속된 바의 것이 되도록 봉사한다. 인간의 세계는 완성되지 아니한 즉 미완성의 상태에 있으며, 미완성된 것이기 때문에 미래의 완성을 지향할 수밖에 없다.

이러한 내용을 우리는 세계의 역사화라고 요약할 수 있다. 다시 말하여 인간의 세계는 그 자체로서 완결되거나 폐쇄된 것이 아니라, 미래에 이루어질 완성을 향하여 끊임없이 나아가야 할 과정을 뜻한다. 이 과정을 가리켜 우리는 역사라고 부른다.

하나님은 이 세계의 파멸과 몰락을 기다리는 분이 아니라 예수 그리스도와 함께 시작된 그의 역사가 완성되어 이제는 죽음이 없고 슬픔도 울부짖음도 고통도 없을 새로운 피조물의 세계를 향하여 이 세계를 역사화시키는 분이다. 그러므로 '희망이 있는 곳에 종교가 있다.'라고 말한다. '종말론은 끝이 아니라 미래의 희망으로 생각하고 생활한다.'라고 몰트만은 피력하였다.

나. 실패한 종말론

옛날이라고 무작정 부르기에는 조금 덜 된 옛날에 꽤 유명한 예언이 하나 있었다. 대표적인 사람이 16세기 프랑스 예언가 노스트라다무스인데 하늘에서 공포의 대왕이 내려온다며, 1999년에 지구가 멸망한다고 예언했었다. 다분히 기독교적 성격을 띤 예언이기도 했다. 당시 종말론은 사람들에게 적지 않은 심리적 부담감도 안겨주었다.

수많은 사람들이 그 종말론을 믿었고, 수많은 작가들이 그 종말론으로 소설을 썼고, 거의 모든 사람들이 1999년 종말론을 믿지 않더라도 그런 것이 있다는 사실 정도는 알고 있었다. 결과적으로는 1999년에 인류는 멸망하지 않았고, 1999년 종말론은 실패한 예언이 되어 버렸다. 아직까지도 엔터테인먼트 계界(많은 사람들을 즐겁게 하는 것을 바탕으로 하는 문화 활동)에서 1999년 종말론이 종종 모습을 보일 정도로 1999년 종말론은 굉장히 유명한 예언이었다.

지금 일고 있는 종말론은 예전의 종말론과 달리 현재 발생하고 있는 자연재해 등과 연결돼 주장되고 있다. 2012년 지구 종말론인데 최근 발생하고 있는 쓰나미, 지진과 같은 자연 재해가 그 근거로 첫 손가락에 꼽힌다. 외계 행성과의 충돌이나 주식시장 변동 예측 프로그램 이야기도 나돈다. 최근 개봉된 할리우드 재난영화 「2012」도 한몫하고 있다.

고대 마야문명에서부터 끊임없이 회자되어 온 인류 멸망의 그날 2012년이다. 기원전 3114년 8월 12일 달력에 따르면 2012년 12월 21일에 지구가 멸망하여 그 이후에는 날짜가 없다고 한다. 그러나 2012년은 다른 종말론 예언과 같이 허무맹랑한 예언으로 종식되었다.

정말 지구 종말론은 한갓 이야깃거리에 불과한 것일까? 다만 인간의 욕심이 빚어낸 산업화의 영향으로 지구가 환경적 재앙에 노출되고 있는 것만은 사실인 것 같다. 온난화현상이나 사막화 등 작은 기후 변화가 종국에는 인류에게 엄청난 재앙이 될 수 있지 않을까 하는 우려인 것이다. 인류의 종말이 인간에 의해 초래될 수도 있지 않을까 하는 생각이다.

지구 표면의 평균온도가 상승하는 현상이나, 땅이나 물에 있는 생태계가 변화하거나 해수면이 올라가서 해안선이 달라지는 등, 기온이 올라감에 따라 발생하는 문제를 포함하기도 한다. 근래 들어 지구촌은 지진과 해일의 공격을 수도 없이 받고 있고 펭귄과 북극곰 등 많은 종류의 생명체가 예상보다 높은 온도로 인해 고통받고 있다. 북극곰은 이미 멸종 위기의 동물 목록에 등재되었다.

과거에도 종말론은 꽤나 많이 있어 왔다. 전 세계에는 수많은 사이비 종교가 존재하는데, 그중 몇몇은 몇 년 몇 월 몇 일에 세계가 멸망한다는 예언을 수도 없이 하곤 했다. 하지만 아주 옛날 사람들은 그러한 종말론이 있는지도 모르고 그냥 지나갔다.

하지만 정보화사회인 21세기에는 좀 다르다. 종말론이라는 키워드는 이러니저러니 하더라도 사람들의 이목을 끄는 키워드이다. 그렇기에 많은 사람들이 종말론에 대해서 글을 쓰고, 검색을 하며 그 종말론이 가까이 다가올 경우 더욱더 기승을 부린다. 그리고 그러한 종말론은 마침내 네이버나 다음의 실시간 검색 순위에 올라가게 된다.

누구나 한 번쯤은 공상과학영화를 보았다면 일반적인 테마를 예상할 수 있을 것이다. 외계인 침략은 꽤 많은 시간 동안 이론화되었다. 인류는 머지않아 UFO와 외계생명체에 대한 미스터리를 해결할 수 있을지도 모른다.

혜성 충돌과 다른 아마겟돈의 영화에서와 마찬가지로 많은 운석의 파편과 후유증이 인류멸망의 원인이 될 수도 있다. 6,700만 년 전 소행성은 지구의 생명체를 멸종시킨 바 있고, 대륙을 분리하여 지각판의 모양을 바꾼 경험도 있기 때문이다. 하지만 과거는 상황으로 설명이 가능하지만 미래는 상황보다는 숫자로 나타내야 확신을 갖는 데 큰 도움이 된다.

3. 결론

수학은 인류 역사만큼이나 오래된 학문이자 우리 생활에서 없어서는 안될 요긴한 도구이다. 수학은 과거 인류가 들판에서 과일을 따고 강이나 숲에서 동물을 사냥하던 시절부터 시작되었다. 함께 사는 동료의 수를 세거나 식량이 되는 과일이나 사냥감의 수를 세는 단순한 일이 바로 최초의 수학이라고 할 수 있다.

처음에는 단순한 수 세기에 불과했던 수학은 점차 기하학, 대수학 등의 여러 분야로 나뉘어 발달하게 되었다. 그 결과 오늘날의 문명을 이룩하는 데 큰 공헌을 하게 되었다. 숫자를 문자로 바꾸어 계산하는 방법이 대수학, 숫자 대신 도형을 이용하여 계산하는 방법이 기하학이다. 그리고 미적분 같은 학문을 해석학이라고 한다. 수학에서 빼놓을 수 없는 것이 논리수학이다. 인간의 이성이나 생각을 통해 이치에 맞게 이끌어 가는 학문이다.

수학하면 피타고라스를 빼놓을 수 없다. 피타고라스는 자신의 사상을 기록하는 것을 금지하였다. 그래서 그의 업적이 초기 제자들에 의하여 알려지게 되었다. 피타고라스는 만물의 근원을 수數로 보았다. 한때 그들은 음악도 수로 표시할 수 있다는 데 흥분을 하였다.

과거의 예언도 거의 세기말이나 2012년 12월 21일처럼 12의 조합으로 표시한 것을 알 수 있다. 노스트라다무스도 묵시문학가들의 추상적인 내용을 숫자로 증명하려고 노력한 결과라고 볼 수 있다. 종교가 유지되는 것은 확실한 종말의 날짜를 이야기하지 않는 것이지만, 현실에서는 확실한 종말의 날짜를 원한다. 그 예언의 날짜가 틀릴 경우 사이비 또는 이단이라는 닉네임을 얻게 되는 것이다. 그래서 감히 지구 종말의 날을 선언한다. 여기서 선언하는 종말의 날자는 숫자로 표시되고 수백 년의 시간을 기다려야 하기 때문에 불안에 떨 염려가 없다. 노스트라다무스가 발표할 때보다는 긴 기간이고 더 멋있는 숫자의 배열이기에 매력이 크다. 그날은 '나(I) 2345년 6월 7일 8시 9분 10초'이다.

모든 예언자가 말하는 '수학적 종말은 이날보다 매력 있고 합리적인 D-day는 없다.' 라고 자부한다. 이제 종말론 가지고 장난치지말자. 종말론에 속지도 말자, 종말론에 현명하여지자. 모든 인류여 평안하라! 영원하라! 종말의 그날까지…….

【참고문헌】

■ 서적

김균진	『헤겔철학과 현대신학』	대한기독교출판사	1984년
박아론	『기독교의 변증』	기독교문제선교회	1998년
박형룡	『교의신학서론』	한국기독교교육연구원	1988년
성서문학연구위원회편	『성서문학』	한국기독교문학연구소출판부	1980년
송병락	『마음의 경제학』	박영사	1987년
유병덕	『탈종교 시대의 종교』	원광대학교출판국	1982년
이종성	『칼빈』	대한기독교출판사	1988년
전경연 역	『바르트 교의학개론』	대한기독교서회	1980년

■ 신문

『동아일보』, 『한국일보』, 『기독신문』(대한예수교장로회 합동)

에 · 필 · 로 · 그

수필! 아니 문학은 세상을 아름답게 보아야 한다. 그런데 이 책은 그렇지 못한 부분이 많음을 공감한다. 수필의 원조는 에세이다. 몽테뉴의 『수상록』은 인생의 사유를 쓴 작품으로, 보통 사람이 감히 생각하지 못하는 깊은 생각을 토로했음을 본다. 나는 그대로 따라 가려고 하지만 백 분의 일에도 못 미친다. 감히 견주는 것 자체가 조족지혈이다.

세상 돌아가는 모양새가 불안정하고 미래는 더욱 예측하기 어렵다. 권력을 탐하는 자들의 모양새가 심상치 않다. 어느 사회집단보다도 더 저질스런 행동과 언어를 연출하고 있다. 국민을 걱정해야 할 정치 때문에 국민의 분노가 크다. 거기에 정치인들의 욕망의 끝은 보이지 않는다.

여자! 세상이 여자들의 독무대가 되면서 많은 변화를 가져왔다. 여자들의 자유 회복으로 남편에게 맹종만 하던 아내가 가정을 지배하게 되었다. 자녀의 생산도 아내들의 생각을 물어야 한다. 남자 선호에서 성별 구분의 상실을 넘어 여성상위 시대로 가고 있다. 심하게 이야기하면 신神보다 여자가 더 위대하다는 생각을 한다.

신은 이미 인간 지배를 포기하였다. 무소불위 하나님은 야곱을 마음대로 선택하고 자유자재로 요리하였다. 그때는 인간 모두가 복종하였다. 그런데 이제는 성직자들도 하나님을 두려워하지 않는다. 양의 탈을 쓴 이리로 겉을 위장한 성직자들은 하나님처럼 행동한다. 예수가 이미 하나님을 대신해서 인간이 된 이후 모두가 하나님인 줄 착각하고 있다. 예수를 따르는 일은 무서운 하나님이 아니라 인자하고 희생하는 인격자인데, 거짓 성직자들은 희생보다는 권위를 먼저 행사하려 한다. 약자를 보호하기 위한 강자와의 투쟁이 아니라 강자 위에 군림하기 위한 쟁투이다. 예수는 자기의 권력을 포기했기에 위대한 것인데 말이다.

종교! 오늘날 종교 영역에서 시급하게 요청되는 것은 교리대로의 실천이다. 종교를 반대하고 일어선 또 하나의 문명 앞에 종교는 이를 어떻게 극복할 것인가. 정치와 종교의 구분은 정치는 안위요 종교는 배려에 있다. 정치는 자기를 위한 명예이지만 종교는 남을 위한 희생이다. 그래서 종교의 부패 타락은 정치의 타락보다 몇 십 배 더 위험하다. 거룩한 종교가 거대의 정치에 들어가려는 권력의 회귀는 종교인들이 최고의 권력인 하나님의 권위를 가지고 싶어하기에 큰 문제가 된다. 내가 믿는 종교에만 그 절대성이 있고, 다른 종교 속에는 아직 그러한 진리가 들어 있지 않을 것이라는 추측 하에서 타 종교와 접근해 보지도 않으려는 태도는 성자혼에 입각한 창조적 질서를 파괴하는 조작주의라고 본다.

정치! 오늘의 세계는 한눈팔 겨를이 없는 긴장의 세상이다. 최근 동북아시아의 돌아가는 꼴이 조선 16대 인조 임금 때를 회상케 한다. 급부상하는 후금을 제대로 평가하지 못하여 삼전도에서 삼배구고두례三拜九皐頭禮의 수모를 당한 사실을 기억해야 한다. 또 일본이 급부상할 때 쇄국정책을 하다가 나라를 잃어버린 일도 기억해야 한다. 그런데 북한의 원자탄 실험과 NLL 침범, 일본의 군비확장, 중국의 동북공정과 영해 영공 확장은 국제 정세의 위기이다. 이러한 때에 국론분열은 나라를 가장 취약하게 만든다. 나라가 망하는 것은 외세보다 내부 분열과 투쟁에 있음을 역사에서 배웠다. 현제의 한반도 상황이 조선 말기와 같다고 탄식한다.

『펠로폰네소스 전쟁사』의 저자 투키디데스는 아테네의 국운 융성과 상대방의 두려움이 결국 전쟁의 발발 원인을 제공했다고 주장하는데 아테네는 페르시아 전쟁(기원전 492~448)에서 페르시아를 물리친 뒤 재침에 대비해 해군력을 주축으로 한 '델로스 동맹'을 출범시켰다. 맹주인 아테네는 지중해 곳곳의 도시국가들을 자신의 세력으로 삼고 시칠리아와 이탈리아 반도까지 세력을 넓혀갔다. 이에 위협을 느낀 스파르타를 위시한 펠로폰네소스 반도의 국가들은 '펠로폰네소스 동맹'을 결성해 맞선다. 물론 이런 프로세스는 펠로폰네소스 전쟁에만 국한되지 않는다. 인류 역사에서 어느 한 세력의 빠른 부상은 반드시 주변국 간의 세력 균형을 흔들고, 마침내 주변국 간의 무력 충돌을 통해 불균형을 해소하는 경우가 비일비재하다. 역사학자들은 이를 '투키디데스의 함정'이라고 부른다.

전쟁! 전쟁이 일단 벌어지면 가벼운 일전으로 끝나기 어려운 법이다. 가벼운 일전이란 정치지도자의 생각이었을 뿐, 전쟁의 혈기와 광기는 쉽게 다스릴 수 있는 것이 아니었다. 서로 죽이고 파괴하면서 전쟁은 치열해지고, 결국 끝장을 보게 됐다. 게다가 주변의 많은 국가들이 때로는 내부의 권력투쟁 때문에, 때로는 이웃 나라와의 갈등 때문에 전쟁에 개입하고 전쟁을 이용하면서 급속히 확대됐다. 우리는 이러한 상황을 대비하여야 한다는 것을 잊지 말아야 하겠다. 거듭 임진왜란 때 이이 율곡의 10만 양병설을 기억하고 후회 없는 대비에 온 국민이 함께하였으면 한다.

참고로 에세이집 발간에서 논문 형식을 빌린 것은 읽기 쉽게 하려고 구분하였을 뿐 다른 의도는 없었음을 밝혀 돈다. 이 책은 나의 주관적 생각을 그대로 기록했을 뿐이다. 거시기 마을, 머시기 마을, 온 마을 사람들의 행운을 빌며 글을 맺는다.

저자 이상우

이상우 에세이집
거시기 하네요

인쇄 2014년 07월 10일
발행 2014년 07월 15일

지은이 이상우
발행인 서정환
펴낸곳 신아출판사
주소 전북 전주시 완산구 공북 1길 16(태평동 251-30)
전화 (063) 275-4000 · 0484 · 6374
팩스 (063) 274-3131
이메일 shina2347@naver.com sina321@hanmail.net
출판등록 제465-1984-000004호
인쇄 · 제본 신아출판사

이 책의 발간비 일부는 전라북도 문예진흥기금의 지원을 받았습니다.

ISBN 979-11-5605-102-2 03180
값 13,000원

이 도서의 국립중앙도서관 출판예정도서목록(CIP)은 서지정보유통지원시스템 홈페이지(http://seoji.nl.go.kr)와 국가자료공동목록시스템(http://www.nl.go.kr/kolisnet)에서 이용하실 수 있습니다.(CIP제어번호: CIP2014020392)

Printed in KOREA